先天易經

帶你翻轉病苦.光明重生

一貫自盤古開天的天道

作者簡介

　　董玉麟, 台灣科技大學電子工程學系畢業, 曾/現任職半導體科技公司, 研發, 工程管理, 客戶支援服務等相關職務.

　　自幼家境小康, 於天道家庭長大, 喜愛中華傳統文化, 深入鑽研五教義裡經典, 喜愛先天詩經詩詞的蘊含, 老莊道法自然的玄妙, 四書五經的精神內涵.

　　自幼體弱多病, 幸賴父母的細心呵護, 後自習中醫陰陽五行, 自悟內經內氣的修煉方法, 修煉氣功, 將自己於病苦輪迴中脫離, 直至明心見性, 徹底改善身心長久困擾的憂鬱病苦, 轉而成為一個正向光明的人.

　　此書詳列記載身心轉正的過程與為人處事的正向改變之道, 符合孔子論語與中庸之道的精華, 以天德的天命所趨, 字字皆真, 將人類的本性至善, 與上古天真時期的醫道文化相結合, 期以救渡眾生病苦輪迴之本願, 將身心性一貫提升的道法傳世. 期望人人能身心健康, 光明正向, 天下太平.

序-修天道, 自古至今一貫不變

　　上古天真時期, 人民天性純真, 夜不閉戶, 擊瓦而歌. 人人勤奮工作, 飲食和諧, 覺性靈敏, 互利互助, 人人懂得精神內守, 病從安來! 人人無病無痛, 行事正向光明, 以自心本性為依歸行正道德行, 講仁守義, 這是多麼美好的大同社會。

　　流傳到今天, 我們身為中華民族的後代, 身上流著龍的傳人的血液, 可是思想上卻漸漸離老祖先留下來的美麗的文字. 符號, 暗傳的天道心法越來越遠. 漸漸地, 人們的心已不再純真, 親民, 待人真誠, 人與人漸漸疏離, 取而代之的是由儉入奢, 由踏實生活變追求輕浮虛幻, 由天下太平的志心變爭權奪利, 脾氣毛病, 病苦輪迴。

　　人類, 自從懂得修天道開始, 漸漸步入文明社會, 聖人明君以禮. 樂教化眾生, 使之能脫離病苦輪迴, 以[禮]教化眾生明[理], 身心性一貫提升. 明白天性中至真至善的光明本心, 真如本性. 而能行四維八德之天德, 脫離禽獸般的作為, 修正涵養成沒有脾氣毛病, 身心性一貫健康, 昂首挺立的有德君子。

　　時至今日, 社會步入文明了, 金錢堆砌起來的物質生活看似豐富, 然而, 人們的覺性障蔽不敏了, 深陷病苦輪迴卻不知如何預防, 在日日的工作. 玩樂之中, 漸漸的損耗精氣神而不自知, 寧靜的夜晚中, 面對自己, 實則內心多數是憂鬱空虛的.

　　本篇由先天易經藍圖, 分別以連山易的八卦與文王六十四卦為範本, 結合上古時期的黃帝內經為理論基礎, 以氣運行人身的角度, 輔以至聖先師孔子所做繫辭, 貫穿先由太極再修無極的序列, 有邏輯次序的闡述天道的修持方法. 祈使天道修心煉性, 古聖先賢的絕學心法在人間不至於失傳.

　　(太極:即為老子道德經所述修道的方法, [負陰抱陽, 沖氣以為和]之中的負陰抱陽, 亦是顏回拳拳服膺, 雙手合抱, 得一善法, 每日抱持修煉的道)

　　(無極:對應的即是一以貫之的心法, 簡稱一理天下平的天道)

　　時至今日, 工商繁忙, 心煩意亂, 如何身口清而能意清? 如何修身. 齊家乃至天下平呢? 如何養生德全, 將自己改變成身心性同時一貫正向光明的人? 有賴 誠心抱手, 實心修煉, 三千功八百果修煉而能成的君子之道!

目錄

人-為什麼要修道?

打從娘胎出生, 小朋友天真可愛, 個個身軟如棉, 以丹田(先天式呼吸法)呼吸, 維持自身的元陽, 百毒不侵. 漸漸的, 因著眼耳鼻舌身意感官功能的開啟, 外界的誘惑, 使之慾望叢生, 急. 忙. 爭第一. 得不到想要的焦慮使之心浮氣燥, 漸漸的轉成胸式呼吸開始, 先天的能量即快速的減低, 陽氣減弱的同時, 外界飄浮在空氣中的細菌病毒即能趁機肆虐, 找到宿主, 終究使人病苦輪迴.

人到26歲以後, 生長因子自然減弱, 不再繼續長大, 隨之而生的是陽氣的自然維持率也大幅下降, 造成新陳代謝速度減緩, 這是人體的自然循環法則, 無法改變. 伴隨著地心引力的外在不可抗力因素, 一旦陽氣不足, 肩膀頸部自然塌陷, 壓迫手部陽面三條經絡, 或因姿勢不正, 或因彎腰駝背, 種種因素讓氣血循環不良, 因而致病.

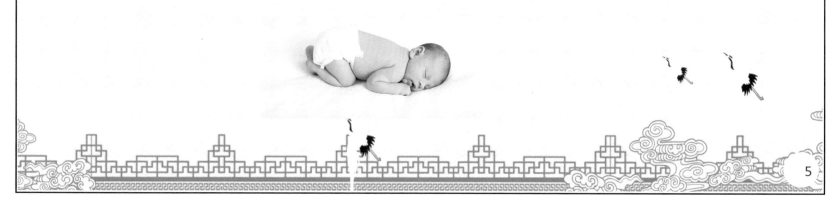

人-生命品質曲線

修道明理者,修心煉性, 精神內守,病從安來? 人生正向積極樂觀進取, 做事沉著穩定而不躁進, 平和處事而無所爭, 在各種不利的外在條件下, 均能妥適的尋求天時, 地利, 人和, 圓而融之當下最好的解決方案.

人的正氣能量低下, 元氣不足, 是脾氣毛病, 病苦輪迴最主要的根源, 人人應時常反觀自省, 是否已經落入負面身心性的人生.

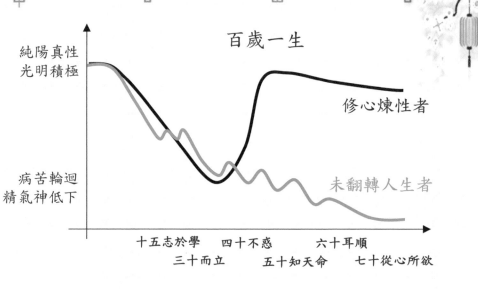

百歲一生

純陽真性
光明積極

修心煉性者

病苦輪迴
精氣神低下

未翻轉人生者

十五志於學　　四十不惑　　六十耳順
　　三十而立　　五十知天命　　七十從心所欲

人-為什麼能量會耗損, 導致病苦輪迴

身: 姿勢不正, 彎腰駝背導致經絡扭轉, 氣血不通, 最後影響五臟六腑的氣血運行

口: 說話是最耗損全身的元氣的一種狀態, 消耗口水損精, 多說損氣, 思慮繁複損神. 如何說智慧的話, 乃至不說而養精蓄銳, 是選擇亦是智慧.

意: 泛指運用眼耳鼻舌身意, 以起心動念所行外在的所有事物. 皆加速松果體(心火) 鈣化速度, 導致心之火燃燒過旺, 心浮氣燥, 腎水燒乾, 元氣折損, 氣血障逆, 身心漸行 敗壞惡化.

先天必然: 人生在世, 不能抗拒2件事, 一是地心引力, 二是每日逐漸邁向死亡, 如何養 生德全, 遵循五教聖人所傳永生之道, 是人生最重要課題.

人-修道要怎麼修?

要處理的方式很簡單, 一步步改正自身的呼吸的壞習慣, 轉變成如嬰兒般的先天式呼吸法, 提升自身的元氣, 再利用身體的水與火兩大元素撞擊產生爆炸般的全身氣血貫通, 於身即可歸返先天之純陽之體, 於心即可清心智慧大開, 於本性及可歸返純樸之真.

這是釋迦摩尼講的降伏其心, 也是無人我眾生壽者相的究竟涅槃!
這是孔子傳給顏回的拳拳服膺, 也是一以貫之的朝聞道夕死可矣!
這是中醫講的心腎相交, 水火交融, 是陰陽五行之中, 醫術的極致!

所有的聖賢明君.五教聖人, 均修此道, 直指天真本性.勤修三寶, 真修實煉, 徹底改變自己! 古之大道難尋, 明師亦難尋! 而今大道普傳, 易得易修, 望祈諸位切莫蹉跎光陰, 虛度人生, 堅志以持, 共成大道, 同註天盤!

道－ 什麼是 道可道, 非常道?

老子道德經中的道可道, 非常道, 千百年來無人能解, 唯有見性一貫者能會心一笑.

老子的非常道, 本來就不是一個字, 也非眼耳鼻舌身意日常日用的道. 因為隱晦難明, 因為是可以修見真理的康莊大道, 因為讚嘆象形造字的巧思, 寫下道可道, 非常道的雋永.

道, 是君子修正三寶心法, 低心下氣, 誠心抱手, 實心修煉而直至見性的總和, 道可道, 就是道的真修實煉, 如果求了道不修煉, 學而不思, 思而不行, 那也是罔然. 浪費了一生一世難得的機運.

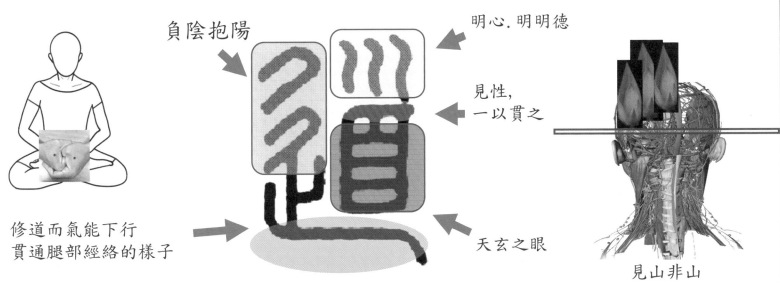

負陰抱陽

明心. 明明德

見性,
一以貫之

修道而氣能下行
貫通腿部經絡的樣子

天玄之眼

見山非山

＊道的象形古字, 最早的設計就是雙手合抱而修煉明心見性的總和

道 – 由道修德

悳
外得於人，內得於己也。從直從心。

德
十字目中見一心, 曰德。

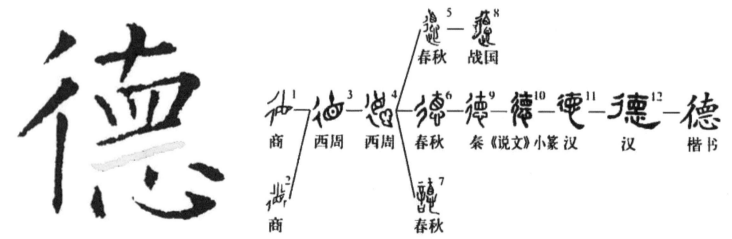

*德之見性的玄妙, 不可言說, 只能由修道者自行證悟

道－如何看懂易經之道？

最常聽到的一個問題是,會不會走火入魔?

亂來,當然會;但是若有依照孔子於易經中注釋的順序來做,那是可以遵循的聖人之道,當然,修道者必須明師指點,廣博多聞,旁徵左引,參照五教聖人經典之中所提示的做法,甚至更進一步,參照黃帝內經中的醫理順序,是更直接有效的做法.

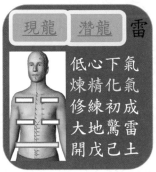

現龍　潛龍　雷

低心下氣
煉精化氣
修練初成
大地驚雷
開戊己土

怎麼看懂八卦的表示:
連山易經中原本是沒有爻辭卦序的,後因後人的誤植,或因沒有連貫中醫的醫理,導致這簡單明瞭修心煉性的指引沉睡了數千年.作者於此加上了經絡圖說,配合(▭合於潛龍勿用,陽在下(下焦)也,▭▭代表陽氣大部分貫通到下焦,故於上.中焦沒有火氣與壓力)來表示,按照孔子說卦傳中:[天地定位,山澤通氣,雷風相薄,水火不相射,八卦相錯,數往者順,知來者逆,是故易逆數也。]的順序排列,使讀者簡明易懂如何依序修煉.

從盤古一劃開天開始 ［開天］

胸式呼吸
脾氣毛病
病苦輪迴

先天式
腹式呼吸

元氣能量
精神內守

盤坐開肝膽經勤煉而修道
古字感煩悶改低心而下氣

道曰無極暗藏理,
儒字一貫一禮行,
三達德人皆有之,
佛之金剛見本性。

盤古, 不是一個人, 是傳承天命之修道者, 在天道暗傳時期, 隱喻修道的順序, 步驟與方法.

現今大道普傳萬國九州, 持三寶勤而煉之, 內功內德勤而修之, 改之, 對照古聖先賢的經典, 應該不難發現.

無極. 太極 ［兩儀］

在還沒有文字的時候, 怎麼修天道, 傳承天道?

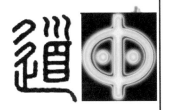

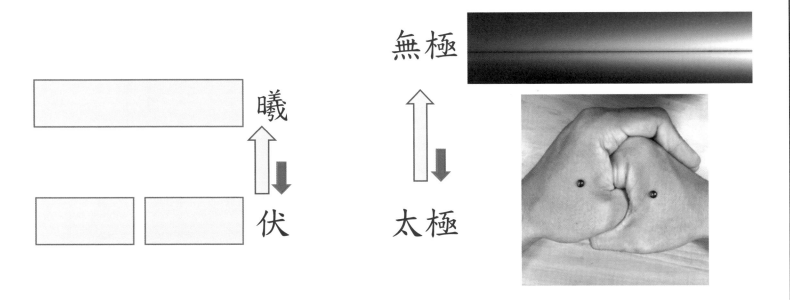

無極

曦

伏

太極

無極. 太極 : 由太極修無極, 由伏至曦,
即今日一貫道所傳之三寶, 修明心. 見性

太陽.少陽.少陰.太陰［四象］

胸腔與腹腔,陰陽虛實的四種狀態

　陽(▭) ：氣通且順,活絡健康

　陰(▭▭) ：障蔽不通,造成寒邪病苦

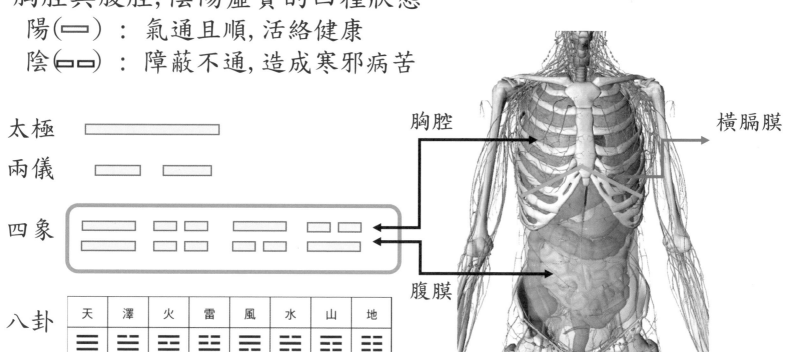

太極

兩儀

四象

八卦

天	澤	火	雷	風	水	山	地
☰	☱	☲	☳	☴	☵	☶	☷

胸腔　　　　　橫膈膜

腹膜

*四象的年代人民多勞動,腹腔中下焦氣血流通區分並不明顯

14

[八卦]天地, 山澤, 雷風, 水火

繫辭:「形而上者謂之道, 形而下者謂之器」

易

天地定位, **山澤**通氣,
雷風相薄, **水火**不相射,
八卦相錯, 數往者順,
知來者逆, 是故易逆數也。

先天之道:
與先天陰陽五行能結合
改善人的身心健康

（逆修可以回「天」）

後天之法:
與先天中氣修煉不能結合
之占卜之術

「邵子(邵雍)此文王八卦, 乃
入用之位, 後天之學也。」

15

循序正向轉變(青->紅->白),直至見性
腳踏實地一步步的改變,遠離顛倒夢想

治國　山

轉識成智
沖氣為和
明心見三
見山非山
煉熙化神

平天下　地

上善若水
六脈平和
溫和謙恭
溫文善雅

平天下　天

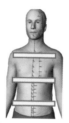

有德君子
乾乾以立
天道歸一
煉神還虛

火　自心本性
　　從心所欲

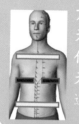

亢龍有悔
天命大愿
代天宣化
天道至德
還虛合道

易 ：：人生的轉變

齊家　澤

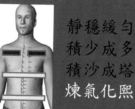

靜穩緩勻
積少成多
積沙成塔
煉氣化熙

修身　雷

低心下氣
修練初成
大地驚雷
開戊己土
煉精化氣

風

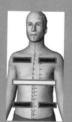

心浮氣燥
上盛下虛
精元虧損
氣逆顛倒
焦燥不安

水火交雜
病苦輪迴
己非自己

心腎不交
四肢冰冷
身痛欲剝塞
關崎閉悶
情志鬱脾氣怒
胸悶暴躁易埋怨
惡言

先導知識(八卦)

三焦者,總領五臟,六腑,經絡,三焦通,則內外左右上下皆通也.三焦不通,就會內外淤堵,百病叢生,人就會進入病苦輪迴的狀態,乃至脾氣毛病.無明憂鬱的發生.

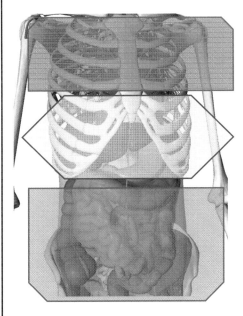

> 上焦(上焦如霧)：位於橫膈膜以上的部位。譬喻上焦心、肺主管氣、血及津液宣發、布散全身,如霧露之溉。

經常大聲說話耗損元氣,或姿勢不正,造成血液迴圈不暢,氧氣供給不足,經絡淤堵,出現心腦血管病,肺部疾病,容易呼吸道感染.

> 中焦(中焦如漚)：位於橫膈膜以下,臍以上的部位。譬喻脾胃運化及腐熟水穀食物時,水穀被分解消化,有如泡沫化的過程。

飲食作息不當,就會造成慢性腸胃病,胃脹,胃痛,反酸,便秘,腹瀉等等.人的消化系統出了問題,營養自然就跟不上,病灶就會彌漫到上焦,下焦.所以往往是一焦不通,日久就會三焦不通.

> 下焦(下焦如瀆)：位於臍以下的部位,包括肝膽經、腎陽、小腸、大腸及膀胱。譬喻下焦排泄濁物的功能,其會分開清的部分與濁的部分排出體外,這些傳導排泄的功能就如瀆。

彎腰駝背,辦公室冷氣房久坐不起,肝腎解毒,排泄功能受阻,就會造成腎虛腰酸,前列腺增生,尿急尿頻等症.女性三焦不通,氣虛血虧,面色晦暗,易長斑,衰老加快,更會引起更年期症狀提前和乳腺,子宮,卵巢疾病等全身問題.

八卦的陰陽爻：講胸膈與腹腔壁隔開三塊區域,氣血養分運行的各種狀態

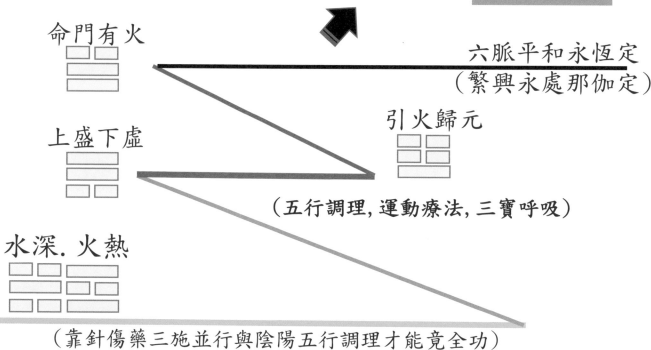

陰陽五行調理+三寶心法
對身心狀態的改變

六脈平和　修煉純陽

命門有火

六脈平和永恆定
（繁興永處那伽定）

上盛下虛

引火歸元

（五行調理, 運動療法, 三寶呼吸）

水深. 火熱

（靠針傷藥三施並行與陰陽五行調理才能竟全功）

病苦輪迴/病症難治

為什麼要修道?

- 脫離病苦輪迴
- 改脾氣.去毛病,六脈平和恆定
- 修正君子涵養,抬頭挺胸,端正品格.
- 光明正向,人生的康莊大道
- 身心性一貫提升,大智慧的領導能力
- 學醫必修,因果透徹,救人無數
- 由道修德.文明素養
- 修正成有德君子.見性成佛的唯一心法
- 超生.了死,究竟.涅槃
- 自古一貫.天命傳承

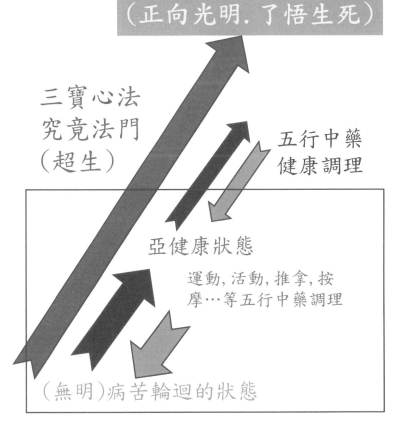

六脈平和恆定
(正向光明.了悟生死)

三寶心法
究竟法門
(超生)

五行中藥
健康調理

亞健康狀態

運動,活動,推拿,按摩…等五行中藥調理

(無明)病苦輪迴的狀態

這就是人生：
每個人都逃不過的生死之間

五行順暢, 六脈平和
精氣神滿, 夜間無夢
思慮穩定, 能學萬法
能感知天地萬物
身心健康順暢 (兔子)

明心見性
有德君子

季節交替常生病感冒
手腳冰冷, 經期失調
心腎水火不交, 上焦發熱, 口乾舌燥
亞健康狀態 (時貓. 時狗. 時烏龜), 躊躇不前

(五行調理, 運動療法, 三寶呼吸)

心神不寧
好爭好鬥, 權力慾望
常感疲累, 心量狹小, 糾結焦躁
看人心為醜惡, 做事埋怨不順, 認事因果不明
病徵病症發於外, 藏於內, 氣滯, 腫瘤皆而有之
病徵. 病症已現 (時蛇. 如虎)

(靠針傷藥三施並行與陰陽五行調理才能竟全功)

病苦輪迴/病症難治

先天連山易定義總表

	先天連山易原始代表符號	實際修道代表含意
太極	▬▬▬▬	天道歸一.明心見性.金線傳承
兩儀	▬ ▬ ▬ ▬	負陰抱陽.三寶的修煉
四象	（四象符號）	突破障礙.身心轉變的變易
八卦	（六十四卦表）	修心煉性的八個主要轉變階段 細分氣.血於三焦，陰陽虛實的表現
六十四卦		更細分於先天修煉的角度，詳細每一個身心狀態轉換之間的處置方式與方法，以及君子修心煉性時，身心性的轉變

21

先天連山易 64卦變化總表

脾氣毛病, 小人. 道德崩壞的過程

←

由道修德, 君子修證見性的過程

64卦	火	水	風	雷	澤	山	地	天	64卦
天	88.大有 88.順天休命, 天理大有	78.需 78.飲食宴樂	68.小畜 68.剛中志行	58.大壯 58.天地正大	48.夬 48.剛健決和	38.大畜 38.多識前言往行	27.泰 27.天地交泰	18.乾 18.自強不息	天
地	87.晉 87.晝日三接	71.比 71.顛倒錯亂, 心神不寧	62.觀 62.觀民設教	51.豫 51.剛應志行	41.萃 41.中氣萃聚	31.剝 31.不利攸往	28.坤 28.六脈平和	11.否 11.陰陽失調	地
山	82.旅 82.義大矣	73.蹇 73.反身修德	63.漸 63.漸進有功	52.小過 52.上逆下順	43.咸 43.觀其所感	36.艮 36.明明德心	22.謙 22.自牧以謙	16.遯 16.遯浸義大	山
澤	86.暌 86.遇主而暌	77.節 77.苦節道窮	67.中孚 67.剛得豚魚	57.歸妹 57.永終知敝	47.兌 47.命門有火	35.損 35.懲忿窒欲	26.臨 26.剛浸則臨	15.履 15.獨行素履	澤

	火	水	風	雷	澤	山	地	天	
雷	84.噬嗑 84.利用獄	75.屯 75.始交難生	64.益 64.損上益下	55.震 55.引火歸元	45.隨 45.嚮晦宴息	33.頤 33.養正以大	24.復 24.中行獨復	13.无妄 13.得牛無妄	雷
風	83.鼎 83.正位凝命	74.井 74.勞民勸相	61.巽 61.上盛下虛	54.恒 54.久於其道	44.大過 44.獨立不懼	33.蠱 33.振民育德	23.升 23.積而能升	17.姤 17.品物咸章	風
水	81.未濟 81.濡其尾	72.坎 72.重險,以習教事	64.渙 64.渙奔其机	53.解 53.利西南	41.困 41.致命遂志	32.蒙 32.果行育德	21.師 21.聚眾能正	12.訟 12.作事謀始	水
火	85.離 85.重明麗乎正	76.既濟 76.思患豫防	66.家人 66.反身威如	56.豐 56.羽翼漸豐	46.革 46.已日乃孚	37.賁 37.明察天下	25.明夷 25.晦而能明	14.同人 14.藉假修真	火
64卦	火	水	風	雷	澤	山	地	天	64卦

由道修德.君子修證見性的過程

脾氣毛病,小人.道德崩壞的過程

先天連山易64卦變化總表

由道修德的人生

逆風才能展翅. 逆修才能回天!
脾氣毛病要改過, 天下太平是天道!

修道次第與方法:

和氣

平心

藉假眼觀世界顛倒錯亂,
藉真心降心氣降伏其心,
轉喧囂修藉口止語養氣,
轉脾氣修毛病真修實煉,
勤修煉多念書君子修養,
一貫通一和氣步步踏實,
一轉身一迴向反身證道,
修真心展自信天道至德.
去病苦瞭生死人生逍遙.

先導知識： 易經單辭定義

玄關
元(天乾)
利見大人
極=無極

利貞(真):有
助於修見大人

壇中
(人居中正)

丹田
(地坤)

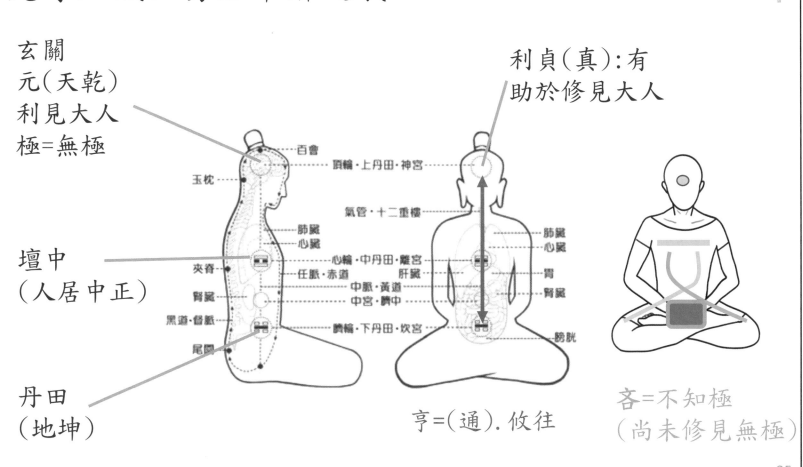

百會
玉枕

頂輪·上丹田·神宮
氣管·十二重樓

肺臟
心臟

肺臟
心臟

夾脊

心輪·中丹田·離宮
任脈·赤道
中脈·黃道
中宮·臍中

肝臟

腎臟
黑道·督脈
尾閭

臍輪·下丹田·坎宮

胃
腎臟

膀胱

亨=(通).攸往

吝=不知極
(尚未修見無極)

先導知識：易經中象形文字涵意

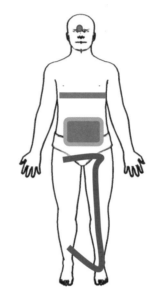
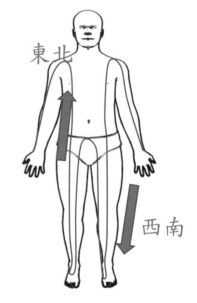

畜牝牛：欲貫通胸膈與腹腔壁而畜養真氣於丹田

吉：氣能貫通胸膈與腹腔壁而能畜養真氣於丹田

亨：氣能貫通胸膈而能畜養真氣並亨通正氣至腳底

西南得朋，東北喪朋：正氣巡行全身而氣能貫通肝膽經而下行至腳曰得朋，循環至右手而出稱喪朋

東北

西南

從病苦輪迴開始逆修

捌. 火（離為火）

離, 利貞, 亨, 畜牝牛, 吉。

《彖曰》離, 麗也。日月麗乎天, 百穀草木麗乎土, 重明以麗乎正, 乃化成天下。柔麗乎中正, 故亨, 是以畜牝牛吉也。

《象曰》明兩作, 離, 大人以繼明照于四方。

初九, 履錯然, 敬之, 无咎。

《象曰》履錯之敬, 以辟咎也。

六二, 黃離, 元吉。

《象曰》黃離元吉, 得中道也。

九三, 日昃之離, 不鼓缶而歌, 則大耋之嗟, 凶。

《象曰》日昃之離, 何可久也。

九四, 突如其來如, 焚如, 死如, 棄如。

《象曰》突如其來如, 无所容也。

六五, 出涕沱若, 戚嗟若, 吉。

《象曰》六五之吉, 離王公也。

上九, 王用出征, 有嘉折首, 獲匪其醜, 无咎。

《象曰》王用出征, 以正邦也。

柒. 水（坎為水）

習坎, 有孚, 維心亨, 行有尚。

《彖曰》習坎, 重險也。水流而不盈, 行險而不失其信。維心亨, 乃以剛中也；行有尚, 往有功也。天險不可升也, 地險山川丘陵也, 王公設險以守其國, 險之時用大矣哉。

《象曰》水洊至, 習坎。君子以常德行, 習教事。

初六, 習坎, 入于坎窞, 凶。
《象曰》習坎入坎, 失道凶也。

九二, 坎, 有險, 求小得。
《象曰》求小得, 未出中也。

六三, 來之坎坎, 險且枕, 入于坎窞, 勿用。
《象曰》來之坎坎, 終无功也。

六四, 樽酒, 簋貳, 用缶, 納約自牖, 終无咎。
《象曰》樽酒簋貳, 剛柔際也。

九五, 坎不盈, 祗既平, 无咎。
《象曰》坎不盈, 中未大也。

上六, 係用徽纆, 寘于叢棘, 三歲不得, 凶。
《象曰》上六失道, 凶三歲也。

習教事:
練習所授修心煉性的功夫,
於心-全憑心意(曳其輪),
意念轉經帶動氣血循環,
真氣沿手陽明經絡巡行膽
經,串行三焦;於口-止語
養氣;於手-負陰抱陽;久
而久之,煉精化氣,氣聚丹
田,從元氣開始培養人的
精神能量.

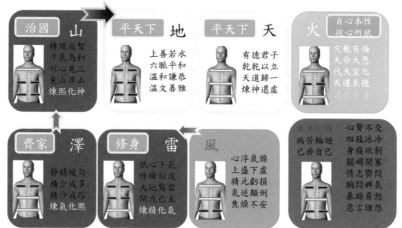

➤ 人生,大部分人都是病苦輪迴了,人生不如意了,才求天問卜,求神拜佛,病急投醫,活在水深火熱而不自知,狂躁.鬱悶而求助無門.水與火是人生中最大的煎熬,許多人熬不過,沒有遇到正確的處置方式,最終自我了斷,甚為遺憾.

➤ 病徵發生的原因不外乎生活作息,飲食習慣,長期姿勢不正所導致,脈象呈現就是完全的氣血阻滯,病理檢查就是胸膈僵化與腹腔壁厚實.陰寒[重險]導致氣血不通卡在中焦[坎窞]的關崌閉塞的現象(詳見[醫道還元])

➤ 人生走到這一步,已是憂悲勞苦,日日無明,脾氣.埋怨到人人都怕,不想親近.但,雖身處水火煎熬,還是要靠自己克服,有德君子擺脫病苦的方式只有一個方法,時常複習實行明師傳授給你的修道方法(三寶)[君子以常德行,習教事]

水深火熱->重見光明

要擺脫無明重見光明有兩步驟要作[明兩作],一是止語養氣的功夫[畜牝牛,吉],一是貫通真人,直修見性[利貞,亨],以心火的大能攻破無明憂鬱的黑暗[大人以繼明照于四方],憂悲勞苦.憂鬱無明的狀況最好不要拖太久而不改變,經絡不通,氣血阻塞.肌肉萎縮就像身體被細繩綑綁.走入荊棘叢林般痛苦[係用徽纆,寘于叢棘],如果想辦法改變卻還是一直無法得氣(人沒有元氣是危險的,或是方法不對[三歲不得,凶]),則需尋求明師指點修中庸之道(中.用之道)的方法

坎為水

初六：愚而驕矜盡失義；薄冰履慎如淵然 — 若臨深淵行以慎
九二：規矩不闕思禮守；知薄行以難深圓 — 言以謹行以慎
六三：渡人以德而化宣；躬身力行仁方展 — 如履薄冰
六四：競競戒慎時體悟；言慎行謹禮實踐 — 行信守義
九五：惠澤戒久達至信；踐履智以事臨變 — 於達時而思盡
上六：修道泰而安於日行；行如以言明若暗 — 泰而不驕

白陽易經坎卦：濟公老師藉由[坎]字的特質,加以闡述人生坎坷時的狀況要如何改善改變自己

➤ [愚而驕矜盡失義；薄冰履慎如淵然] 小人只活在自己眼界中的世界,久而久之就會因為視野不夠廣而驕矜心旺盛,在別人的眼裡,如此就會因心浮氣燥,脾氣毛病而逐漸失去純真本性,良師益友必漸漸遠離,在醫道的觀點,至此身心狀況也危險了[若臨深淵]

➤ [規矩不闕思禮守；知薄行以難深圓] 要突破這樣的現狀,於君子的修心煉性之道,只能時時提醒自己禮法規矩上的遵守,知道自己輕慢.不尊重別人的言行,如果不改變是很難以深化修煉,圓滿人生的[言以謹行以慎]

➤ [渡人以德而化宣；躬身力行仁方展] 修道的順序先[渡人]再[修德],在坎的階段所學以及要做的事是力行低心下氣的功夫,身體的狀況已經很危險了,所以要仔細小心的調理,改正 [如履薄冰]

- 渡人之義實為修煉低心下氣成功,沖脈貫通而能行至腳底而形成一個[人]字
- 德:十字目中見一心,見性而得至真至善的心法
- 化宣:由精氣神血貫通而能化開全身障蔽而使身心性一貫且正向光明
- 躬身:低心之義,目的為使腎水與心火能交通,產生更多陽氣讓身體健康
- 力行:行經,任督脈為人體最重要新陳代謝循環,行此經可無住生心
- 仁方展:下氣而能貫通胸膈與腹膜氣的障蔽之樣謂之仁,貫通經絡而使人能舒展

胸膈與腹膜氣的障蔽

坎 坎為水

修道	惠澤	兢兢	渡人	規矩	愚而
泰而	而	戒慎	以	不驕	而
安	久	時	德	衿	盡
於	達	而	而	而	失
日	至	體	化	禮	義
行	信	悟	宣	守	知
行	踐	言	躬	知	薄
如	履	慎	身	薄	冰
以	智	行	力	履	慎
言	以	謹	行	以	如
明	事	禮	仁	難	深
若	臨	實	方	方	淵
暗	變	踐	展	圓	然

上六	九五	六四	六三	九二	初六
：	：	：	：	：	：
泰而不驕	於達時而思盡	行信守義	如履薄冰慎行以慎	言以謹行以慎	若臨深淵而

白陽易經坎卦：

濟公老師藉由 [坎] 字的特質, 加以闡述人生坎坷時的狀況要如何改善改變自己

> [兢兢戒慎時體悟；言慎行謹禮實踐] 人若在坎這個狀態, 若不懂得內觀察覺或是學習生命體徵, 是很難察覺自己已經生病了. 這時更要戒慎恐懼, 內觀而體悟因氣滯而手腳冰冷, 一口陽氣很難喘得過來的現象, 此時需止語養氣, 謹言慎行以防口出惡言傷人, 低心下氣求教懂得醫理的明師指點, 如何從正確的飲食, 作息, 調理氣息來獲得改善, 行修煉下氣的功夫, 直至找到真我的主性   [行信守義]

> [惠澤而久達至信；踐履智以事臨變] 誠心抱手修煉下氣的功夫, 久而久之正氣累積如一片沼澤之廣大(詳見澤卦), 心性從最初病苦而造成的慌張與不安定的情緒轉變為穩重且有把握, 修見明心見性的大智慧是指日而可待變的; 藉假修真, 達本還原是於全憑心意用功夫的盡頭   [於達時而思盡]

> [修道泰安於日行；行如以言明若暗] 修道的初步目標是日日持念並抱手修煉, 於正氣養成之時漸漸心胸寬大而泰然自若, 心神篤定而隨遇而安, 行經之行深因沖脈為腹腔底的深處, [言]這個象形字的暗喻看似容易但實則修煉之人才能明白與深刻的體悟; 修煉低心下氣成功之人, 行事作風心胸寬大. 泰然自若且不驕傲 [泰而不驕]

33

離為火

離

並時	當願	志氣	生當	靈性	爾我
與	子	同	為	一	身
人	人	和	道	體	同
況	我	理	日	連	枝
為	合	同	以	有	葉
誰	而	為	行	路	人
逢	四	智	死	皆	師
四	海	者	皆	兄	弟
易	相	努	復	朋	有
生	逢	力	本	有	因
遇	骨	惜	因	根	節
骨	肉	生	緣	枝	葉
親	認	辰	種	源	分

上九	六五	九四	九三	六二	初九
：	：	：	：	：	：
與	況	誰	四	生	骨
子	我	而	海	逢	肉
同	連	為	者	有	生
為	枝	行	皆	因	緣
一	為	路	兄		枝
身	葉	人	弟		葉

白陽易經離卦：
➤ 濟公老師藉由離字的特質與觀感來談君子修心煉性之道.
  ➤ [爾我身同枝葉人；師弟有因節葉分] [骨肉生緣枝葉]
  ➤ [靈性一體連有路；皆兄朋有根枝源] [生逢有因]
  ➤ [生當為道日以行；死皆復本因緣種] [四海者皆兄弟]
  ➤ [志氣同和理同為；智者努力惜生辰] [誰而為行路人]
  ➤ [當願子人我合而；四海相逢骨肉認] [況我連枝]
  ➤ [並時與人況為誰；逢四易生遇骨親] [與子同為一身]

微言大義：
聰明大智慧之人,不會浪費虛度光陰,專注修煉聖賢之道,爾假我真在於自身本是同人,但須辨明那條隱含的道才能找到真理永生之路;得長生之道,應於貫通三焦氣血而得身心健康,低心下氣的功夫需三千功日日修煉,以免功虧一簣,朝聞道夕死可矣之見性法門,為八百果上修之歸根復回本來面目.低心下氣為和氣的修煉與直入一理見性法門都是於相同的一條道路上逐步貫通.

雙關大義：
感嘆人人皆有三菩提心,自心本性,卻許多人顛倒夢想,不願抱手修煉,誰而真修實煉,找到永生之路,受領天命同註天盤?

聖人之道

昔在黃帝，生而神靈，弱而能言，幼而徇齊，長而敦敏，成而登天。迺問於天師余聞上古之人，春秋皆度<u>百歲</u>，而動作不衰；今時之人，年半百而動作皆衰者，時世異耶，人將失之耶？歧伯對上古之人，其知<u>道</u>者，法於<u>陰陽</u>，和於<u>術數</u>，<u>食飲有節，起居有常，不妄作勞</u>，故能<u>形與神俱</u>，而盡終其天年，度百歲乃去。今時之人不然也，以酒為漿，以妄為常，醉以入房，以欲竭其精，以耗散其真，不知持滿，不時御神，務快其心，逆於生樂，起居無節，故半百而衰也。

夫上古聖人之教下也，皆謂之<u>虛邪賊風，避之有時，恬惔虛无</u>，<u>真氣從之</u>，<u>精神內守</u>，<u>病安從來</u>。是以<u>志閑而少欲</u>，<u>心安而不懼</u>，<u>形勞而不倦</u>，<u>氣從以順</u>，各從其欲，皆得所願。

五穀為食。五果為助。五畜為益。五菜為充。<u>氣味合而服之</u>，以補精益氣。此五者，有辛、酸、甘、苦、鹹，各有所利，或散，或收、或緩、或急、或堅、或軟。四時五臟，病隨五味所宜也。

三焦療法（中藥湯劑輔助）

調理順序：

1. （鬆胸鎖乳突肌.橫膈腳）（上焦）
2. （調理後天之本-脾胃）（中焦）
3. （活血化瘀湯-開壇中解表行氣運功）（中焦）
4. （引火歸元/入腎）（下焦）
5. 搭配運動及腹式呼吸(引動氣血,柔化橫膈)

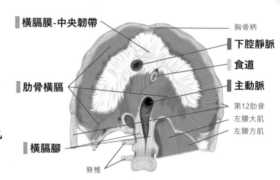

橫膈膜-中央韌帶	胸骨柄
	下腔靜脈
	食道
肋骨橫膈	主動脈
	第12肋骨
	左腰大肌
	左腰方肌
橫膈腳	
脊椎	

調理目的原理：

上焦調理方目的為解開胸鎖乳突肌至橫膈腳,因長期氣血不通造成的旋轉與緊縮,以達到放鬆主動脈並讓氣血流通的基本原則.需要調理的人通常伴隨姿勢不正,中央韌帶僵硬與橫膈緊縮,同時壓迫動脈.靜脈與食道造成的胃部不適.如此正氣即無法通過橫膈與管壁的間隙,滋潤中焦器官使之活絡,數種方劑依序並用是依任脈開通順序原則由上至下讓氣血通過以達最後引火歸元的目的.

＊宜做足功課並與您的醫師妥善制定對策

修身 -五行食物

持齋就是調五行,五蔬五果病不生,
心平氣和正心性,義理一貫明天心.

五行	對應	根莖類,種子 (平溫熱,宜多食用)	葉、果類 (性寒涼,需與薑平衡寒性,或蒸熟食用)	中藥代表方劑
肝 (綠)	眼睛、肝及 膽	菜心、 A菜菜心、 陳 年酵素	青椒、檸檬、蘆筍、芹菜、毛豆、秋葵、地瓜葉、奇 異果、綠色花椰菜、油菜、豌豆、 菠菜、綠豆、高 麗菜、小白菜、青色甜椒、蘆筍、小黃瓜、苦瓜、白 葡萄、 、青蘋果、酪梨、菌菇類	逍遙散, 龍膽瀉肝湯 (洩元氣,限量服用)
心 (紅)	心臟、小腸	紅藜麥、雞心紅棗、 枸杞、紅麴、山楂 櫻桃	紅豆、紅棗、番茄、蘋果、草莓、紅甜椒、洛神花、 紅蘿蔔、紅西瓜、 紅辣椒、 紅甜菜、紅莧菜	上焦方
脾 (黃)	胃、脾	地瓜、馬鈴薯、黃藜 麥	黃豆、玉米、南瓜、香蕉、芒果、木瓜、柑橘、鳳梨	六神湯 加味理中湯, 加味五味異功散
肺 (白)	肺、大腸	山藥、蓮藕、糙米、 荸薺、茭白筍、蓮子、 杏仁、 蕪菁(大頭菜)	百合、白木耳、薏仁、冬瓜、竹筍、白花椰菜、銀耳、 梨子、椰子、椰奶、 白蘿蔔	老陳皮
腎 (黑)	腎、膀胱	黑豆、黑芝麻、黑糯 米、 蕎麥、 黑藜麥、 老菜脯	葡萄乾、香菇、藍莓、黑木耳、紫菜、海帶、桑椹	七寶美髯丹, 六味地黃丸,
先天 (天地)	天玄、 丹 田 (命門)	下氣利水,氣感強烈引氣下行的茶 (茶為心之大藥,除障蔽,敏覺性) 人蔘養榮湯, 還少丹、六味地黃丸 加正官桂(肉桂) (引火歸元)		

陸. 風(風為巽)

巽, 小亨,
利有攸往, 利見大人。

《彖曰》重巽以申命, 剛巽乎中正而志行, 柔皆順乎剛, 是以小亨, 利有攸往, 利見大人。

《象曰》隨風, 巽, 君子以申命行事。　　　申＝自性主

初六, 進退, 利武人之貞。

《象曰》進退, 志疑也；利武人之貞, 志治也。

九二, 巽在床下, 用史巫, 紛若, 吉, 无咎。

《象曰》紛若之吉, 得中也。

九三, 頻巽, 吝。

《象曰》頻巽之吝, 志窮也。

六四, 悔亡, 田獲三品。

《象曰》田獲三品, 有功也。

九五, 貞吉, 悔亡, 无不利。无初有終, 先庚三日, 後庚三日, 吉。

《象曰》九五之吉, 位正中也。

上九, 巽在床下, 喪其資斧, 貞凶。

《象曰》巽在床下, 上窮也；喪其資斧, 正乎凶也。

下氣丹田而
氣能下行之

下氣丹田而
氣能下行之

肝鬱而無
法覺氣的
處理點在
期門穴

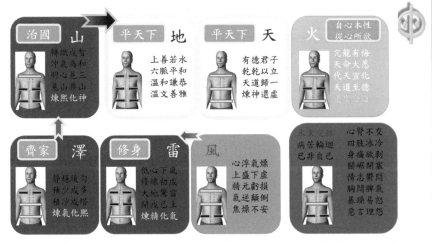

> 這是一個雙關的說法,人身處水深火熱之中,不知道該怎麼做,求助無門的時候,會紛紛尋求藉助求天問卜,求神拜佛的若干手段與方法,是可以理解的;這個階段該做的事是常常盤坐練靜心覺氣的功夫,與解開肝經的阻塞與障蔽,目標是下氣的功夫練成,就不會再有病痛[用史巫,紛若,吉,无咎。]

> 低心下氣在修道的過程中並不只是一個做人處事的道理,反而更是一個真修實煉的方法,目標是要突破胸膈障蔽所造成氣血阻滯的現象[巽在床下],讓上焦.中焦皆能夠獲得氣血的滋潤.倘若胸膈障蔽正氣直到人能感覺到不舒服,已經是累積許多時日而難解,在調理的過程中來來回回,會讓自己覺得是否真的有進步,是會有所疑惑的[進退,志疑也]

> 古聖先賢鼓勵我們要下定決心改過自新[利武人之貞,志治也],當氣血能漸漸順利通暢胸膈的障蔽,大概對中用之道要怎麼去修煉應該有個粗淺的概念了[紛若之吉,得中也]. 修行之道無他,誠心抱手,實心修煉而已,重點在低心下氣與止語養氣的功夫做得有多麼到位,氣養足了[重巽], 就能懂道在自身,性.命雙修的道理[重巽以申命,剛巽乎中正而志行]

> [行]行經,經絡運行最重要的就是任督二脈與新陳代謝的管道通暢,完全暢通的狀態下人是不會有任何脾氣.毛病的.

巽 巽為風

白陽易經巽卦：　濟公老師藉由文王易巽卦的特質,加以闡述君子人修煉至巽這個階段所學到的事.

➤ ［正思事處禮義顧；一心以明至德全］［行道立德］

君子得受三寶修心煉性,直至明心見性,行事作風與為人處事崇禮尚義,黃中通理而得至善一心,以至德至善之理待人接物.

➤ ［行道身則廢四相；學致用須體立兼］［本末順序須明］

見三菩提心.得至善一心則明白天下至善之道金剛自性無敵之真意,學經典聖賢之道之漸修之外,還需誠心抱手修中之修煉而身體力行.

➤ ［求諸自己而怨卻；行事有序正道闡］［時清靜事致心］

正人君子修心煉性,時時反觀自照自性是否清明無妄,身心性是否念念皆清皆正而無煩惱埋怨,修煉自身順序需明白為何而修,才能自性自渡而後渡人,代天宣化.

➤ ［洞明道義驕無起；清靜思順理為先］［言行相顧］

教化眾生洞明道義,為君子修心煉性天道至德傳承之使命,不驕不躁而心平氣和,展現出的是思慮清明通暢,引經據典,言之成理.

➤ ［地柔天剛莫逆行；明清本末宏道安］［行莫驕而廢禮］

原文取自老子道德經［人法地,地法天,天法道,道法自然］,君子修心煉性改善自身脾氣毛病的順序為人關(壇中)->地關(丹田)->天關(玄關)貫通,使人的生理循環自然運行,則身心剛健而乾,六脈平和而坤.

➤ ［須知修道行與言；時時務本順行前］［修天道自身事］

君子修養止語養氣的功夫,量力而為,非己事莫嫌管,以誠心抱手實心修煉為本務,以低心下氣為導正經絡運行而前為目標.(天理循環的順序為任->督)

40

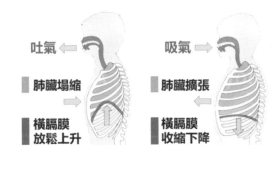

吐氣 →
肺臟塌縮
橫膈膜
放鬆上升

吸氣 →
肺臟擴張
橫膈膜
收縮下降

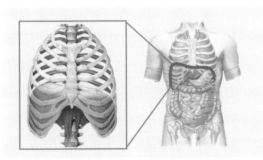

橫膈膜,可以說是整個呼吸動作中最重要的肌肉：橫膈膜的上升使肺縮小與下降使肺擴張,是驅動整個呼吸過程的主要引擎。控制呼吸的主要是藉由肋骨橫膈完成,而肋骨橫膈旁邊的「橫膈腳」功能就不太一樣了,它圍住了-食道與腸胃之間的通道-賁門,它可以讓我們在維持呼吸的情況下幫助食物進入胃中。

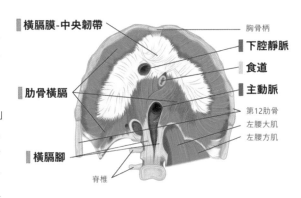

橫膈膜-中央韌帶
胸骨柄
下腔靜脈
食道
主動脈
肋骨橫膈
第12肋骨
左腰大肌
左腰方肌
橫膈腳
脊椎

•前：橫膈膜的前方,連結了胸骨柄的劍突
•外：橫膈膜的前方和外側與腹橫肌,共同連結了第6到第12節肋軟骨。
•後：橫膈膜的後方,連結了弓狀韌帶與第1 到第3 腰椎。

➤ 懺悔.改過.反省.低心下氣.自覺.修中.是一步一步古聖先賢修養的功夫,等這些工夫每日堅志以持,一步一步修煉純陽到位,利用陽氣鬆弛軟化橫膈膜與障蔽,是修練內功內德的成果 [悔亡,田獲三品][田獲三品,有功也], 這些修練,沒有很明確的時間點可以知道是什麼時候算開始(因為初期陽氣不足,感受不強烈) [无初有終],但是大約前面的任脈要修練三年[先庚三日]而背後的督脈要修練三年[後庚三日],最後才會理解正氣要往哪個方向去,找到自性的主人[利有攸往,利見大人]

41

心得筆記(修道至此階段的作用)

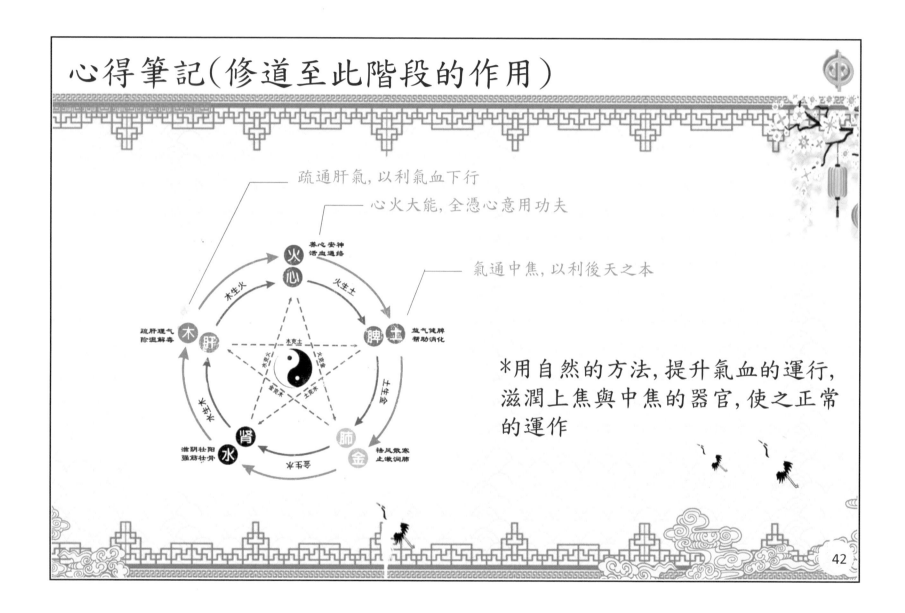

疏通肝氣, 以利氣血下行

心火大能, 全憑心意用功夫

氣通中焦, 以利後天之本

*用自然的方法, 提升氣血的運行, 滋潤上焦與中焦的器官, 使之正常的運作

心得筆記

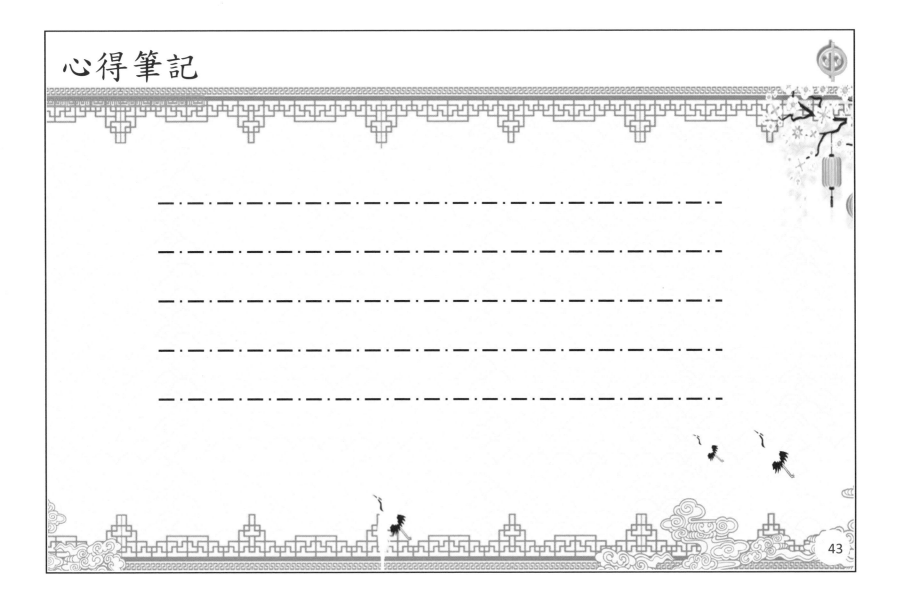

伍. 雷（震為雷）

震，亨。
震來虩虩，笑言啞啞，
震驚百里，不喪匕鬯。

《彖曰》震，亨。震來虩虩，恐致福也；笑言啞啞，後有則也；震驚百里，驚遠而懼邇也，出可以守宗廟社稷，以為祭主也。

《象曰》洊雷震，君子以恐懼脩省。

初九，震來虩虩，後笑言啞啞，吉。
《象曰》震來虩虩，恐致福也；笑言啞啞，後有則也。

六二，震來厲，億喪貝，躋于九陵。勿逐，七日得。
《象曰》震來厲，乘剛也。

六三，震蘇蘇，震行无眚。
《象曰》震蘇蘇，位不當也。

九四，**震遂泥**。
《象曰》震遂泥，未光也。

六五，震往來厲，意无喪，有事。
《象曰》震往來厲，危行也，其事在中，大无喪也。

上六，震索索，視矍矍，征凶。震不于其躬，于其鄰，无咎。婚媾有言。
《象曰》震索索，中未得也；雖凶无咎，畏鄰戒也。

巽(遜, 謙恭有禮, 虛心退讓)
風(氣, 低心下氣的功夫)

震(雲雷震開戊己土)
　(低心下氣的功夫有成)

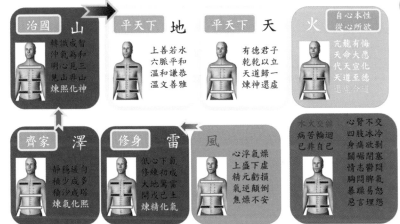

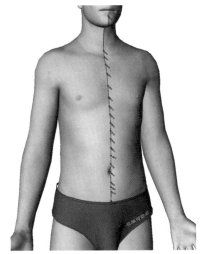

沖脈

➤ 君子修煉天道至德的過程中, 低心下氣的功夫有成, 氣沖開腹腔膜障壁的瞬間的衝擊力曰[震]. 突如其來的一震是讓人恐懼的[震來虩虩], 但對身心的健康有極大的助益[恐致福也]. 突然知道修道的法門是一種摸索許久卻突然了解方法的快樂[笑言啞啞, 後有則也], 這一震也代表了君子四處低心下氣學習修道的法門, 始終不得要領, 突然衝破了難關, 原來道在自身的三寶心法的修煉[震驚百里, 驚遠而懼邇也]

➤ 在摸索修煉的過程中, 因為身心本已呈現病痛或氣血阻滯的狀態, 加上精氣神的耗損使人灰心喪志, 此一震摸索出修道的法門讓氣血開始往正向的循環開始啟動[震往來厲], 精神意志也開始越來越好[意无喪], 能漸漸感受到純陽的真氣繞行三焦. 大腸經與任. 督脈明顯, 乃至其他的經絡[有事]

➤ 雖然突破了修道中重要的一關, 知道由象入氣, 養氣的法門, 尚須實心修煉鞏固[震遂泥], 但因還未完全的正向光明還需要努力[未光也]

45

修煉下氣(降伏其心)的功夫

止語養氣, 練腹式呼吸, 先天式呼吸, 丹田呼吸(古稱低心下氣的功夫)

練腹式呼吸, 同時慢速複誦文字.經典, 帶動氣血沿手陽明經巡行, 形成一個中字

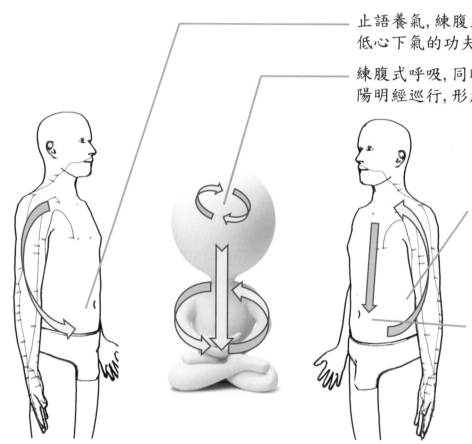

練腹式呼吸, 心火之熱引動體內熱熙化腎水(真精), 使之蒸發後沿督脈巡行周天再降下沖脈, 逐步打開淤塞不正, 調理五臟六腑氣血.

練氣不可著緊身.皮帶衣褲, 寬鬆為宜, 化纖衣物會阻擋陽氣傳遞, 麻.棉衣物為佳

（腹式呼吸）
（下氣的功夫）

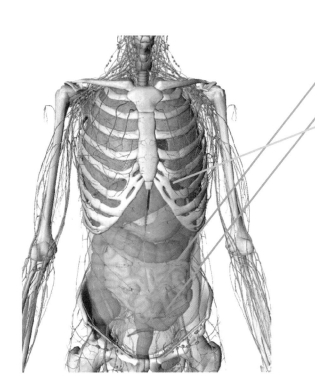

練習腹式呼吸，來養五臟－肝心脾肺腎。

腹式呼吸之前，先了解身體的器官分佈，首先介紹丹田的位置：

丹田－即小腹，大約位在任脈關元穴，肚臍以下四指的位置。

腹部－肚臍以下稱為小腹，小腹兩側為少腹，肚臍以上為上腹部。

器官中，肝臟與胃住在上腹部的兩側脅肋之內，右側為肝臟，左側為胃。肝臟與胃的上方則為橫膈膜。橫膈膜之上為心與肺，心臟在正中偏左，肺臟則充滿橫隔膜以上的位置。

腹式呼吸的步驟：
1. 想像有一顆暖暖的氣球在小腹，即丹田的位置。
2. 吐氣3秒：縮小腹將氣，經過橫膈，肺部，自鼻部呼出。
3. 吸氣3秒左右：慢慢將氣吸入，到達丹田，小腹刻意鼓出。
4. 吐氣6秒以上：沉靜緩慢的速度，氣自丹田，經過肚臍、肝胃區、橫膈、心肺區，自鼻部呼出，小腹微縮。
5. 反覆3與4的步驟呼吸。

腹式呼吸的時間：任何時間都可以練習，早晨陽氣最旺最容易成功，就寢之前亦是自我放鬆的絕佳時機！

47

震 震為雷

白陽易經震卦：濟公老師藉由文王易震卦的特質,加以闡述君子人修煉低心下氣的功夫至震這個階段所學到的事.

➢ [思難揮卻依生滋；夜嚎時期難分明][各行於天地分]
➢ [夜長難眠依復別；漫長夜無天地清][相見無期]
➢ [參辰已去而又生；去去從此人天分][別時長嚎]
➢ [為念以思所為何；恩情日滲懷於中][涕涕何生別滋]
➢ [憶天下我心零涕；偶時相見又行分][思心依依]
➢ [潛然淚流思復涕；分別時相握各奔][淚下難揮]

微言大義：

君子修心煉性的過程中,藉假修真而引氣下行復歸於元(丹田)是離天最遠之處,曰[天地分].

此篇藉由震卦的原始意涵來表明君子欲修心煉性,察覺到自己心神不定,夜長難眠,一定是身心出了狀況,此時所需要做的事,即為雙手合抱懷於中,修煉中道下氣的功夫,讓天火的心識大能,以陽氣漸漸地滲透身體中氣的阻滯與障礙,曰[恩情日滲懷於中]

身體出狀況了才想到要修煉,改變病苦輪迴的狀況,通常會有因心氣上衝而[潛然淚流]的現象,此時唯有雙手合抱修煉低心下氣的功夫能將上衝的心氣拉至丹田,如此才能徹底改善身心的狀況轉危為安[分別時相握各奔]

心得筆記(修道至此階段的作用)

疏通肝氣,以利氣血下行

心火大能,全憑心意用功夫

氣通中焦,以利後天之本

氣通下焦丹田,解除上中焦壓力,以利活化肺經循環

*用自然的方法,貫通上中下焦五臟六腑氣血的運行,使之正常的運作

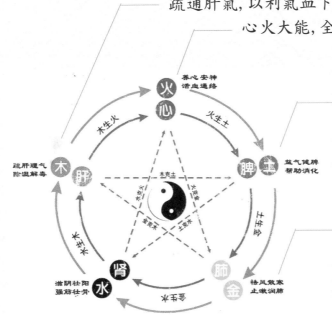

肆. 澤(兌為澤)

兌, 亨, 利貞。

《彖曰》兌, 說也。剛中而柔外, 說以利貞, 是以順乎天而應乎人。說以先民, 民忘其勞, 說以犯難, 民忘其死, 說之大, 民勸矣哉。

《象曰》麗澤, 兌。君子以朋友講習。

初九, 和兌吉。

《象曰》和兌之吉, 行未疑也。　　　[兌, 說也, 悅也]

九二, 孚兌, 吉, 悔亡。

《象曰》孚兌之吉, 信志也。

六三, 來兌, 凶。

《象曰》來兌之凶, 位不當也。

九四, 商兌未寧, 介疾有喜。

《象曰》九四之喜, 有慶也。

九五, 孚于剝, 有厲。

《象曰》孚于剝, 位正當也。

上六, 引兌。

《象曰》上六引兌, 未光也。

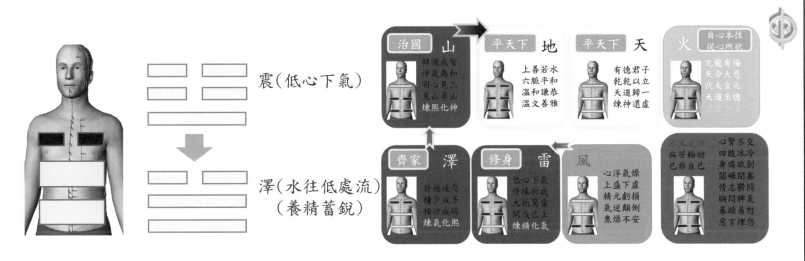

震（低心下氣）

澤（水往低處流）
（養精蓄銳）

> 君子修煉天道至德的過程中,低心下氣的功夫有成,勤練全憑心意用功夫的結果是讓中.下焦的臟腑器官都能獲得充分氣血的滋養而健康,肌肉乃至經絡是漸漸放鬆而身心是通暢且愉悅的[兌,說也。][古字悅=說]

> 君子因摸索出了一套養生得全的方法,因為健康而快樂所以開始與身邊周遭的親朋好友分享[麗澤,兌。君子以朋友講習。] 是大公而無私的表現.

> 相對於病苦輪迴的狀況,君子很確定這是一條正確的道路,是從修煉太和之氣開始[和兌之吉,行未疑也。] 有一些之前因為正氣不足而萎縮的肌肉,因為正氣充足氣血暢通之後而浮起飽滿的現象,是因為堅持信念修正道的成果[孚兌之吉,信志也。] 氣血流通筋骨沾黏處因為軟化與貫通而有如莊子所謂:庖丁解牛,而有鬆弛剝離暢通的現象,這也是對的 [孚于剝,位正當也。]

> 爻辭中的[往]是指由心主出發氣往丹田的走勢,而[來]所指的是由地而天的走勢,爻辭提醒若是修煉到此卻濫用元氣做一些外在的貪欲享樂使心浮氣燥是不對的[來兌之凶,位不當也。]

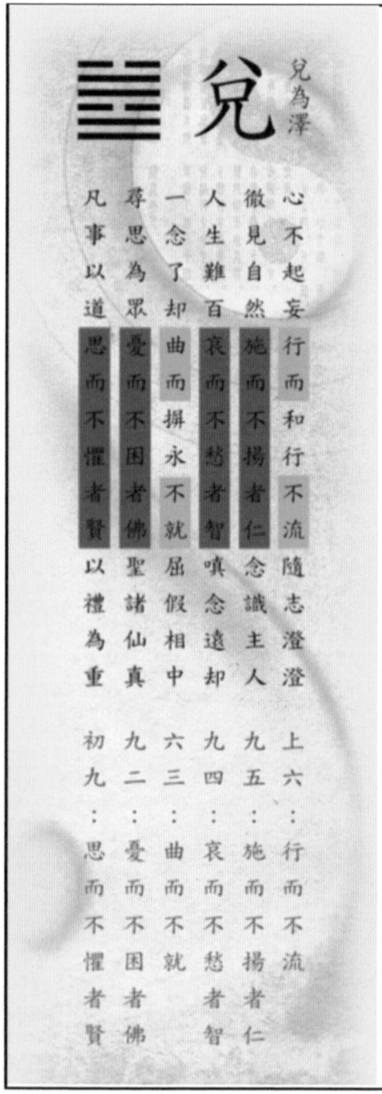

兌 兌為澤

（卦象文字，自右至左）

心不起妄行而和　行而不流隨志澄澄
徹見自然　施而不揚者仁念識主人
人生難百　哀而不愁者智嗔念遠卻
一念了卻曲而摒　永不就屈假相中
尋思為眾　憂而不困者佛聖諸仙真
凡事以道　思而不懼者賢以禮為重

初九：思而不懼者賢
九二：憂而不困者佛
六三：曲而不就者智
九四：哀而不愁者智
九五：施而不揚者仁
上六：行而不流

白陽易經兌卦： 濟公老師藉由兌而悅,能與人和的特質,加以闡述君子修心煉性,身心性一貫而悅的特質

➢ [凡事以道;思而不懼者;賢以禮為重] [思而不懼者賢]
聖賢者,修心煉性,修見自心本性,凡事反觀自性天真,問三菩提,依自心本性而行. 依真一理(禮)而無敵

➢ [尋思為眾;憂而不困者;佛聖諸仙真] [憂而不困者佛]
修心煉性成真者,受領天命,唯一憂心者,為如何渡盡眾生而憂.

➢ [一念了卻曲而摒;永不就屈假相中] [曲而不就]
照見本性者,五蘊皆空,渡一切苦厄,本性之中藏真理,故不以假面示人.

➢ [人生難百;哀而不愁者;智嗔念遠卻] [哀而不愁者智]
修心煉性成真者,遇複雜之事,大處著眼,依光明正智而行,止語養氣,脩. 養而無嗔.

➢ [徹見自然;施而不揚者;仁念識主人] [施而不揚者仁]
修心煉性成真者,由頭至尾曰徹,曰究竟,曰由假修至真,喜愛樂於助人,是於見本心中之仁念自然而起.

➢ [心不起妄行而和;行不流隨志澄澄] [行而不流]
修心煉性成真者,本識清明,不起妄心,凡事反觀自性天真,問三菩提,依光明自心本性而行而不隨波逐流,心地光明. 能與人和.

心得筆記（修道至此階段的作用）

疏通肝氣,以利氣血下行

心火大能,全憑心意用功夫

氣通中焦,以利後天之本

煉精化氣,養精蓄銳

氣通下焦丹田,解除上中焦壓力,以利活化肺經循環

*用自然的方法,不斷的修煉呼吸,養精蓄銳,使之精氣神飽滿,自信心大增

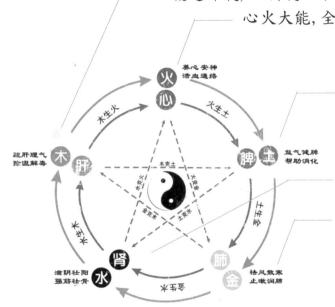

參. 山（艮為山）

艮其背，不獲其身；行其庭，不見其人。无咎。

《彖曰》艮，止也，時止則止，時行則行，動靜不失其時，其道光明。艮其止，止其所也。上下敵應，不相與也，是以不獲其身。行其庭不見其人，无咎也。

《象曰》兼山，艮，君子以思不出其位。

初六，艮其趾，无咎，利永貞。
《象曰》艮其趾，未失正也。
六二，艮其腓，不拯其隨，其心不快。
《象曰》不拯其隨，未退聽也。
九三，艮其限，列其夤，厲薰心。
《象曰》艮其限，危薰心也。
六四，艮其身，无咎。
《象曰》艮其身，止諸躬也。
六五，艮其輔，言有序，悔亡。
《象曰》艮其輔，以中正也。
上九，敦艮，吉。
《象曰》敦艮之吉，以厚終也。

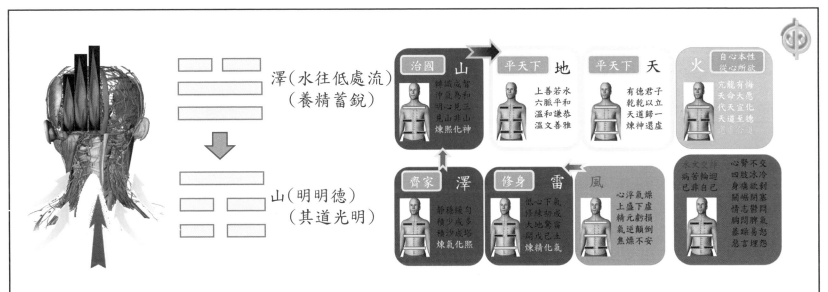

澤(水往低處流)
(養精蓄銳)

山(明明德)
(其道光明)

治國 山
轉識成智
沖氣為和
明心見三
見山非山
煉熙化神

平天下 地
上善若水
六脈平和
溫和謙恭
溫文善雅

平天下 天
有德君子
乾乾以立
天道歸一
煉神還虛

火
自心本性
從心所欲
亢龍有悔
天命大顯
代天宣化
天道至德

齊家 澤
靜穩緩勻
積少成多
積沙成塔
煉氣化熙

修身 雷
低心下氣
修煉初成
大地奮雷
震戊己土
煉精化氣

風
心浮氣燥
上盛下虛
精元虧損
氣逆顛倒
焦燥不安

水火交躦
病苦輪迴
已非自己

心腎不交
四肢冰冷
身痛欲剎
關隔閉塞
情志鬱悶
胸悶脾氣
暴躁易怒
惡言埋怨

➤ 君子修煉天道至德的過程中,經由一段時日的修.養身心,掌握靜.穩.緩.勻的呼吸節奏與方法,讓行為.動作也因遷就二六時中穩定而規律的呼吸節奏而變得溫文儒雅,循規蹈矩,在一段摸索修煉不算短的日子裏,也因四處探訪名師.虛心受教而廣博見地,同時也因養精蓄銳.精神飽滿,學習力與日俱增,越接近本性,越學習越有自信.萬法俱足.［子學而時習之,不亦樂乎。］

➤ 艮,突見光明而嘎然而止的樣子.楞嚴經:眼能顯色,如是見者,如是見性,是心非眼。［其道光明］
道德經:負陰抱陽,沖氣以為和。 即為引真氣上沖玄關,夾帶腎水上行,上善若水,洗刷障蔽自性無明的習性業識,即松果體鈣化部分,而能見光明自性的仁.智.勇之三達德/三菩提心

➤ 君子之道乃內功內德之心法,全憑心意用功夫［君子以思不出其位］即能自性自渡,照見光明自心明德,與此同時,因修煉已至無極之位,全身真氣與腎水直竄全身經絡與最難到達的腳趾［艮其趾］,小腿肌［艮其腓］,修煉至此,任督脈已然暢通柔軟,身體昂然而立,就不會再彎腰駝背了［艮其身,止諸躬也。］

艮 艮為山

自古聖人卻忠而得利雖小無逸慎憂然
　　上九：聖人卻小取大

志士人者而無不卻利從豫義慮全
　　六五：忠而難全

明悉小利及大利行大去小方智賢
　　六四：利不能兩

大小卻卻行且遠有得有失豈得焉
　　六三：小利得大利失

智以取大難何能喻利義亡善道失
　　六二：逸豫亡敗

忠有大小全難兩一失身敗道成難
　　初六：憂慮道成

白陽易經長卦：濟公老師長字的特質, 加以闡述若人追逐外在功名利祿, 不知真修實煉是心非眼, 恍惚終日以得失之心度日.

➤ [忠有大小全難兩；一失身敗道成難] [憂慮道成]
➤ [智以取大難何能；喻利義亡善道失] [逸豫亡敗]
➤ [明悉小利及大利；行大去小方智賢] [小利得大利失]
➤ [大小卻卻行且遠；有得有失豈得焉] [利不能兩]
➤ [志士人者而無不；卻利從豫義慮全] [忠而難全]
➤ [自古聖賢忠得利；雖小無逸慎憂然] [聖人卻小取大]

微言大義：
原文取自莊子逍遙遊之小大之辯. 小大之心皆位於玄關之中心, 世人大多以眼觀心, 那是一失足成千古恨的顛倒夢想.
君子修是心非眼, 悟失而得一, 每一步小心謹慎而行踏實而行, 聖賢之道抓大放小, 往無極. 大而宏觀見性之道去修煉, 甚少糾纏於人世間的得失與爭執, 甚而追名逐利, 利益於心的糾結.
一個人尚未得一而不明理, 呈現出來的會有卻卻貌(退縮不前. 畏苦怕難. 遇事推諉), 得失間糾結, 舉棋不定; 心不能定, 何而能謂之脩?
自古聖賢以脩忠恕之道終而能得見真一本性, 過程中雖然從小處一點點日積月累, 但日日努力勤修不敢放逸.

白陽易經28

56

心得筆記(修道至此階段的作用)

疏通肝氣, 以利氣血下行

心腎相交, 天地交通, 照見光明

氣通中焦, 以利後天之本

心腎相交, 天地交通, 照見光明

氣通下焦丹田, 解除上中焦壓力, 以利活化肺經循環

*自信心大增至極且剛, 全身大部分肌肉鬆弛柔軟, 氣血飽滿, 修見正心正道

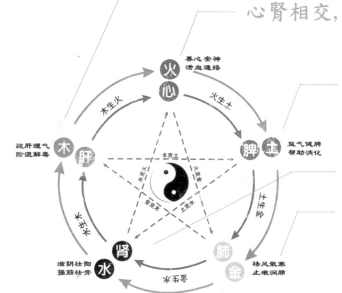

火澤.睽
（兌下離上）
（遇主而睽）

睽，小事吉。

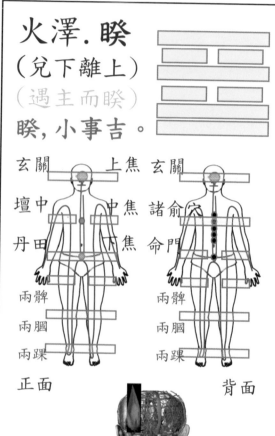

玄關　　　上焦　玄關

壇中　　　中焦　諸俞穴

丹田　　　下焦　命門

兩髀　　　　　兩髀

兩膕　　　　　兩膕

兩踝　　　　　兩踝

正面　　　　　背面

《彖曰》睽，火動而上，澤動而下，二女同居，其志不同行。說而麗乎明，柔進而上行，得中而應乎剛，是以小事吉。天地睽而其事同也，男女睽而其志通也，萬物睽而其事類也，睽之時用大矣哉。

《象曰》上火下澤，睽，君子以同而異。

➤ 指述君子由修煉天道至德的過程中，於上已能運用自身的丹田元陽之火驅動其氣，反身修德，直衝玄關而開天識，於下亦能以真氣驅動甘露腎水下行而解開下至腳底筋骨沾黏處，兩者均是對於貫通全身經絡重要的組合元素，但是於上或於下的作用不盡相同［火動而上，澤動而下，二女同居，其志不同行。］

➤ 催動真氣引腎水上行而明心，是光明而愉悅的感受，於中軸線的貫通真人而明心明德，是明心見性一小步的成功［說而麗乎明，柔進而上行，得中而應乎剛，是以小事吉］，對修煉見性來說，是君子自此明白借假修真均是用同一顆心［睽，君子以同而異］

火火.離

（離上離下）

（重明麗乎正）

離, 利貞, 亨, 畜牝牛, 吉。

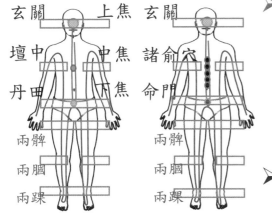

玄關　　上焦　　玄關
壇中　　中焦　　諸俞穴
丹田　　下焦　　命門
兩髀　　　　　兩髀
兩腘　　　　　兩腘
兩踝　　　　　兩踝

正面　　　　　　　　背面

《象曰》離, 麗也。日月麗乎天, 百穀草木麗乎土, 重明以麗乎正, 乃化成天下。柔麗乎中正, 故亨, 是以畜牝牛吉也。

《象曰》明兩作, 離, 大人以繼明照于四方。

➤ 離, 指述全憑心意用功夫打開玄關三達德的第二個德性時, 心性大放光明曰[麗], 因第二個德性位於正中, 故給有德君子至中至正的正向光明感受[重明以麗乎正]. 既已第二次衝關成功, 光明的感受比第一次更大更強烈, 好似全天下都大放光明[大人以繼明照于四方]

➤ 君子以反身修德的功夫沖開無明的玄關, 重明心性的瞬間至正的念頭至頂, 正氣充灌全身, 所有的雜念返璞歸真. 遵循先天的循環順向, 以正氣調和自身五臟六腑[王用出征, 以正邦也]

➤ 如果年紀漸長, 若還沒辦法反身修德, 學會先天式呼吸, 那麼人生的病苦, 怨嘆等負面情緒就會纏身[日昃之離, 不鼓缶而歌, 則大耋之嗟, 凶。]

59

火地. 晉

（坤下離上）

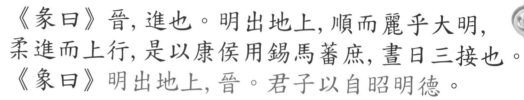

（晝日三接）

晉, 康侯用錫馬蕃庶, 晝日三接。

《象曰》晉, 進也。明出地上, 順而麗乎大明, 柔進而上行, 是以康侯用錫馬蕃庶, 晝日三接也。

《象曰》明出地上, 晉。君子以自昭明德。

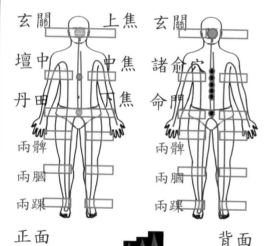

正面　　　　　　背面

> 指述君子由修煉天道至德的過程中, 積極進取[晉], 遵循老莊之道, 負陰抱陽, 沖氣以為和; 其神凝, 緣督以為經, 博扶搖而直上青天, 修證明明德的過程[志上行也] 沖出玄關中第三個明心的德性 [晝日三接]

> 止語養氣與正氣的修煉使身心能夠安定, 五臟六腑能夠恢復健康[康侯], 而修證明明德需提取自身存儲在丹田與命門之正氣[明出地上], 以意念控制導引上沖, 形成五氣朝元之勢[錫馬蕃庶], 沖出仁. 智. 勇三達德的光明德性[君子以自昭明德].

心得筆記(佛:三菩提心)(儒道:三達德)

三達德,為使上善若水之時,以腎水洗刷心火以求恢復人的靈敏覺性的過程中,產生同時觸發與引動神經語言區所產生光明心識的現象,因為字字皆為正向光明,稱為明明德. 因為沖刷過後人的感官知能都恢復靈敏而同時產生自信心,稱為明心.

三達德之心與生俱來,人人皆有之,萬物皆有之,但是世界上所有的生物,只有人能夠負陰抱陽而修中道,只有[人]能夠修證出三達德的本心,而成為有修養的正人君子.

貳. 坤（地為坤）

坤，元亨，利牝馬之貞。君子有攸往，先迷，後得，主利，西南得朋，東北喪朋，安貞吉。

《彖曰》至哉坤元，萬物資生，乃順承天。坤厚載物，德合无疆，含弘光大，品物咸亨。牝馬地類，行地无疆。柔順利貞，君子攸行，先迷失道，後順得常。西南得朋，乃與類行，東北喪朋，乃終有慶，安貞之吉，應地无疆。

《象曰》地勢坤，君子以厚德載物。

初六，履霜，堅冰至。

《象曰》履霜堅冰，陰始凝也。馴致其道，至堅冰也。

六二，直方大，不習无不利。

《象曰》六二之動，直以方也。不習无不利，地道光也。

六三，含章可貞，或從王事，无成有終。

《象曰》含章可貞，以時發也；或從王事，知光大也。

六四，括囊，无咎无譽。

《象曰》括囊无咎，慎不害也。

六五，黃裳，元吉。

《象曰》黃裳元吉，文在中也。

上六，龍戰于野，其血玄黃。

《象曰》龍戰于野，其道窮也。

用六，利永貞。

《象曰》用六永貞，以大終也。

貳. 坤（地為坤）

文言

坤至柔而動也剛，至靜而德方，後得主而有常，含萬物而化光。坤道其順乎，承天而時行。積善之家，必有餘慶；積不善之家，必有餘殃。臣弒其君，子弒其父，非一朝一夕之故，其所由來者漸矣，由辯之不早辯也。易曰，履霜堅冰至，蓋言順也。直，其正也；方，其義也。君子敬以直內，義以方外，敬義立而德不孤。直方大，不習无不利，則不疑其所行也。陰雖有美，含之以從王事，弗敢成也。地道也，妻道也，臣道也。地道无成，而代有終也，天地變化，草木蕃，天地閉，賢人隱。易括囊，无咎无譽，蓋言謹也。君子黃中通理，正位居體，美在其中，而暢於四支，發於事業，美之至也。陰疑於陽必戰，為其嫌於无陽也，故稱龍焉；猶未離其類也，故稱血焉。夫玄黃者，天地之雜也，天玄而地黃。

貳.坤(地為坤)

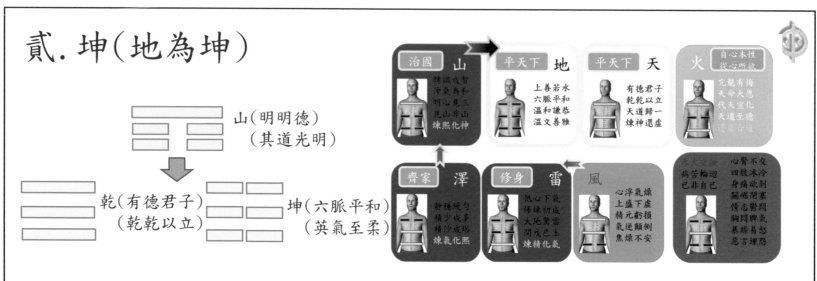

山(明明德)
(其道光明)

乾(有德君子)
(乾乾以立)

坤(六脈平和)
(英氣至柔)

治國 山
轉識成智
沖氣為和
明心見三
見山非山
煉熙化神

平天下 地
上善若水
六脈平和
溫和謙恭
溫文善雅

平天下 天
有德君子
乾乾以立
天道歸一
煉神還虛

火 自心本性
從心所欲
充龍有悔
天命天德
代天宣化
天道至德
道儘合道

齊家 澤
靜穩緩勻
積少成多
積沙成塔
煉氣化熙

修身 雷
低心下氣
修練初成
大地驚雷
開戊己土
煉精化氣

風
心浮氣燥
上盛下虛
精元虧損
氣逆顛倒
焦燥不安

水火交 心腎不交
病苦輪迴 四肢冰冷
已非自己 身痛欲剮
開網開塞
情志鬱悶
胸悶脾氣
暴躁易怒
怨言埋怨

➢ 君子修煉天道至德的終點,以一以貫之之無極之大為終[用六永貞,以大終也。]

➢ 每一個人的身體的器官.組織.精氣神血,能夠運轉順暢.賴以維生而能身心健康的方式,乃仰賴順天而行[萬物資生,乃順承天。]倘若有脫離病苦輪迴,而能長久保持健康的養生之道,抬頭挺胸而六脈平和是最極致的做法[至哉坤元]

➢ 於一個君子人仰賴生存最重要的就是正氣,正氣存養得夠了,即能乘載身體的所有組織器官健康,無脾氣.毛病[坤厚載物],一個君子人於十字目中見一心(惪),待人處事以自心本性行事,則遨遊於人世與天地之間處處無阻礙,生命看不到盡頭[德合无疆]

➢ 一個君子人身段柔軟,智慧處事,通權達變,與事無爭,見天地而得天道至理[黃中通理],天地正位之氣暢貫於四肢,身心健康無阻,對人.事.物的看法無憂.悲.勞.苦,只有積極與正向的看法與作為,所有的待人處事皆以對應人與人的本性.一片大公無私之心處之,故能為眾人所接受.[君子黃中通理,正位居體,美在其中,而暢於四支,發於事業,美之至也。]

坤

坤為地

身為形役美名傳名永傳留而不泯
聖哲悟道積學深並修身以體力行
暢志新民招榮顯可遠辱至神自清
法天則地體行堅揚正道宏顯仁風
莫行邪道乖氣盈行致異途毀前程
銘懷正理和氣集慈致祥聚福泰並

上六：美名永傳
六五：積學修身
六四：招榮遠辱
六三：體行正道
六二：乖氣致異
初六：和氣致祥

白陽易經坤卦：濟公老師結合文王易坤卦的特質，加以闡述君子人修心煉性，六脈平和而平天下之君子之道

- [銘懷正理和氣集；慈致祥聚福泰並][和氣致祥]
- [莫行邪道乖氣盛；行致異途毀前程][乖氣致異]
- [法天則地體行堅；揚正道宏顯仁風][體行正道]
- [暢志新民招榮顯；可遠辱至神自清][招榮遠辱]
- [聖哲悟道積學深；並修身以體力行][積學修身]
- [身為形役美名傳；名永傳留而不泯][美名永傳]

微言大義：

得見光明自在本性的君子，修心煉性，純陽而光明，英氣致柔和之氣，了悟天下至道而慈祥面露，與人無爭而能聚福，人於身修煉正氣，於心性體行正念，才為仁人志士之本來面目，弘揚正道之君子，均積學甚深，體行一貫，修心煉性，受領天命，代天宣化，永不退轉.

氣血阻滯的關卡－八虛

《靈樞．邪客》

黃帝問於岐伯人有八虛，各何以候？
岐伯答以候五臟。黃帝候之奈何？岐
伯曰：

肺心有邪，其氣留於兩肘；
肝有邪，其氣流於兩腋；
脾有邪，其氣留於兩髀；
腎有邪，其氣留干兩膕。

凡此八虛者，皆機關之室，真氣之所過，
血絡之所游，邪氣惡血，固不得住留，
住留則傷筋絡骨節機關，不得屈伸，故
病攣也。

人年紀大了都是由
手腳開始衰敗，如何
通氣與煉氣是人生
中非常重要的課題.

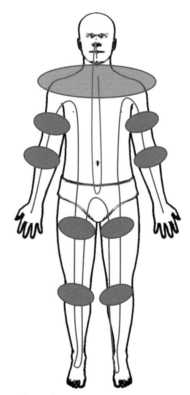

八虛＋肩頸的問題困擾眾生
人體氣脈有感巡行路線

心得筆記

壹. 天（乾為天）

（乾下乾上）（自強不息）

乾, 元亨利貞。

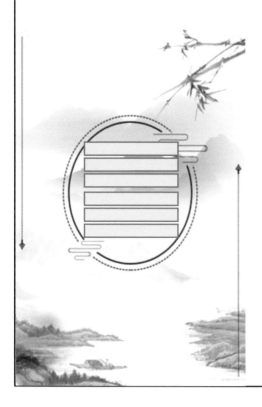

《彖曰》大哉乾元, 萬物資始, 乃統天。雲行雨施, 品物流形, 大明終始, 六位時成, 時乘六龍以御天。乾道變化, 各正性命, 保合大和, 乃利貞。首出庶物, 萬國咸寧。

《象曰》天行健, 君子以自強不息。潛龍勿用, 陽在下也。見龍在田, 德施普也。終日乾乾, 反復道也。或躍在淵, 進无咎也, 飛龍在天, 大人造也。亢龍有悔, 盈不可久也。用九, 天德不可為首也。

初九, 潛龍勿用。[陽在下也。]
　　子曰, 龍德而隱者也, 不易乎世, 不成乎名, 遯世無悶, 不見是而無悶, 樂則行之, 憂則違之, 確乎其不可拔, 潛龍也。

九二, 見龍在田, 利見大人。[德施普也。]
　　子曰, 龍德而正中者也。庸言之信, 庸行之謹, 閑邪存其誠, 善世而不伐, 德博而化。易曰, 見龍在田, 利見大人, 君德也。

九三, 君子終日乾乾, 夕惕若厲, 无咎。[反復道也。]
　　子曰, 君子進德修業。忠信, 所以進德也, 修辭立其誠, 所以居業也, 知至至之可與幾也, 知終終之可與存義也。是故居上位而不驕, 在下位而不憂。故乾乾因其時而惕, 雖危無咎矣。

九四, 或躍在淵, 无咎。[進无咎也。]
　　子曰, 上下无常, 非為邪也。進退无恆, 非離群也。君子進德修業, 欲及時也, 故无咎。

九五, 飛龍在天, 利見大人。[大人造也。]
　　子曰, 同聲相應, 同氣相求。水流濕, 火就燥, 雲從龍, 風從虎。聖人作而萬物覩, 本乎天者親上, 本乎地者親下, 則各從其類也。

上九, 亢龍有悔。[盈不可久也。]
　　子曰, 貴而无位, 高而无民, 賢人在下位而无輔, 是以動而有悔也。

用九, 見群龍无首, 吉。[天德不可為首也。]

壹．天（乾為天）

《文言》元者善之長也，亨者嘉之會也，利者義之和也，貞者事之幹也。君子體仁足以長人，嘉會足以合禮，利物足以和義，貞固足以幹事，君子行此四德者，故曰「乾，元亨利貞」。

初九曰「潛龍勿用」，何謂也？子曰龍德而隱者也，不易乎世，不成乎名，遯世無悶，不見是而無悶，樂則行之，憂則違之，確乎其不可拔，潛龍也。

九二曰「見龍在田，利見大人」，何謂也？子曰龍德而正中者也。庸言之信，庸行之謹，閑邪存其誠，善世而不伐，德博而化。易曰「見龍在田，利見大人」，君德也。

九三曰「君子終日乾乾，夕惕若，厲无咎」，何謂也？子曰君子進德修業。忠信，所以進德也，修辭立其誠，所以居業也，知至至之可與幾也，知終終之可與存義也。是故居上位而不驕，在下位而不憂。故乾乾因其時而惕，雖危无咎矣。

九四曰「或躍在淵，无咎」，何謂也？子曰上下无常，非為邪也。進退无恒，非離群也。君子進德修業，欲及時也，故无咎。

九五曰「飛龍在天，利見大人」，何謂也？子曰同聲相應，同氣相求。水流濕，火就燥，雲從龍，風從虎。聖人作而萬物覩，本乎天者親上，本乎地者親下，則各從其類也。

上九曰「亢龍有悔」，何謂也？子曰貴而无位，高而无民，賢人在下位而无輔，是以動而有悔也。

潛龍勿用，下也。見龍在田，時舍也。終日乾乾，行事也。或躍在淵，自試也。飛龍在天，上治也。亢龍有悔，窮之災也。乾元用九，天下治也。

潛龍勿用，陽氣潛藏。見龍在田，天下文明。終日乾乾，與時偕行。或躍在淵，乾道乃革。飛龍在天，乃位乎天德。亢龍有悔，與時偕極。

乾元用九，乃見天則。乾元者，始而亨者也。利貞者，性情也。乾始能以美利利天下，不言所利，大矣哉。大哉乾乎，剛健中正，純粹精也。六爻發揮，旁通情也。時乘六龍，以御天也。雲行雨施，天下平也。 君子以成德為行，日可見之行也。潛之為言也，隱而未見，行而未成，是以君子弗用也。君子學以聚之，問以辨之，寬以居之，仁以行之。易曰「見龍在田，利見大人」，君德也。

九三，重剛而不中，上不在天，下不在田，故乾乾因其時而惕，雖危无咎矣。

九四，重剛而不中，上不在天，下不在田，中不在人，故或之。或之者疑之也，故无咎。夫大人者，與天地合其德，與日月合其明，與四時合其序，與鬼神合其吉凶。先天而天弗違，後天而奉天時，天且弗違，而況於人乎？況於鬼神乎？ 亢之為言也，知進而不知退，知存而不知亡，知得而不知喪，其唯聖人乎！知進退存亡而不失其正者，其唯聖人乎。

子曰小人不恥不仁，不畏不義，不見利不勸。不威不懲，小懲而大誡，此小人之福也。

易曰「履校滅趾，无咎」，此之謂也。善不積不足以成名，惡不積不足以滅身。小人以小善為无益而弗為也，以小惡為无傷而弗去也。

壹. 天(乾為天)

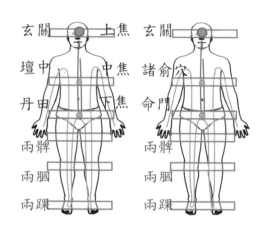

玄關　上焦　玄關
壇中　中焦　諸俞穴
丹田　下焦　命門
兩髀　　　兩髀
兩膕　　　兩膕
兩踝　　　兩踝

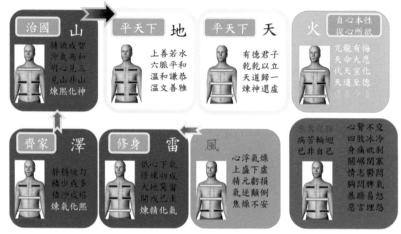

> 君子修煉完整的天道至德過程,已然見性(大哉乾元),氣血貫通以原始的任->督巡行,五臟六腑各得其正位而能身心健康.無病無痛[乾道變化,各正性命],貫通任督脈的情況下,真氣能下行順暢,腎水能滋潤五臟六腑,丹田之氣力飽滿,身形昂首挺立而能徹底明瞭自身之氣血運行方式[雲行雨施,品物流形,大明終始],懂得時常負陰抱陽,沖氣以為和,對於維持心念的正向光明,真清常淨,有很大的幫助[保合大和,乃利貞], 六脈平和由心出,天下人心皆常寧[首出庶物,萬國咸寧]

> 以貫通的任督脈配合自性(心火)帶領的精神力讓每一天都精神飽滿,化脾氣火氣為元氣.化病痛於無形,[天行健,君子以自強不息]

乾（乾為天）

白陽易經 1

白陽易經乾卦：濟公老師講述君子如何以正確的觀念修正見性，直至乾乾以立

➢ [仁之立，無息行德；真本性，安以全正][得真道性命全]

修道第一步為行仁，以天火之德化解胸膈與腹腔之障蔽，低心下氣貫通為安身立命之本，下盤能安穩了才能足以擔當重責大任

➢ [德施以普，不息之；行此道，可了命真][修以心猶可安]

人身之正道，在於日日自強不息的修煉全憑心意用功夫，能一步步經行實踐此道，能了悟真道，真理，天命由真人處領受

➢ [終日乾惕，強以道；行歸致，猶德性身][行其德歸此本]

由道修德，十字目中見一心，在於修煉有把握之時，需強加用功以衝破窄門，歸根復命

➢ [龍行乾德，自行健；至德明心，悟道進][天行健道之德]

真龍之氣，虛無縹緲，形而上學，天自行健，修煉者須一步步排除萬難，才能於悟道之處更近一步

➢ [遷善日思，子所行；生其誠，以會真性][君子自強不息]

思慮如何學習改過遷善之道，於藉假修真處貫通，人從病苦中找到生機，誠心抱手修煉，終究能見光明本性

➢ [乾乾終日，君學天力行；真修必得明][終日乾乾以立]

君子之德，日日如天之朝陽燦爛光明，眾人須效法天之德性真修實煉，必然有明心見性的一天

壹.天(乾為天)孔聖的定義：

山

或躍在淵,進无咎也
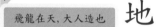
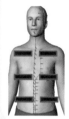
轉識成智
沖氣為和
明心見三
見山非山
煉熙化神

地

飛龍在天,大人造也
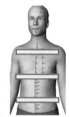
上善若水
六脈平和
溫和謙恭
溫文善雅

天

飛龍在天,大人造也
有德君子
乾乾以立
天道歸一
煉神還虛

火

亢龍有悔,盈不可久也
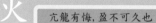
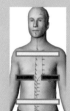
亢龍有悔
天命大愿
代天宣化
天道至德
還虛合道

澤

終日乾乾,反復道也
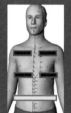
靜穩緩勻
積少成多
積沙成塔
煉氣化熙

雷

潛龍勿用,陽在下也
見龍在田,德施普也

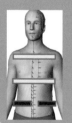
低心下氣
修練初成
大地驚雷
開戊己土
煉精化氣

風

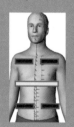
心浮氣燥
上盛下虛
精元虧損
氣逆顛倒
焦燥不安

水火交雜
病苦輪迴
已非自己
心腎不交
四肢冰冷
身痛欲剝
關峙志閉
情悶鬱脾
胸悶氣怒
暴躁易
惡言理怨

壹. 天（乾為天）：（老莊之道）

亢龍有悔：
老子：挫其銳,解其紛,和其光,同其塵, 湛兮似或存。
莊子：「人皆有七竅,以視聽食息,此獨無有,嘗試鑿之。」日鑿一竅,七日而渾沌死。

飛龍在天：
老子：道生一,一生二,二生三,三生萬物。
莊子：野馬也,塵埃也,生物之以息相吹也。天之蒼蒼,其正色邪?其遠而無所至極邪?

躍龍或躍在淵：
老子：沖氣以為和。道沖,而用之或不盈。淵兮似萬物之宗。
莊子：鵬之徙於南冥也,水擊三千里,搏扶搖而上者九萬里,去以六月息者也。緣督以為經,可以保身,可以全生,可以養親,可以盡年。

惕龍終日乾乾：
老子：上士聞道,勤而行之。
莊子：怒而飛,其翼若垂天之雲。　　　庖丁解牛（比喻內感經絡運行的了解）

現龍見龍在田：
老子：人法地,地法天,天法道,道法自然。萬物負陰而抱陽。
莊子：鯤之大,不知其幾千里也;化而為鳥,其名為鵬。鵬之大,不知幾千里也。

潛龍勿用：
老子：多言數窮,不如守中。
莊子：北冥有魚,其名為鯤。

壹. 天（乾為天）：（現代修煉版）

<u>亢龍有悔：</u>
　　天命大愿, 若愿不能了, 難把鄉還.
　　各個首得還鄉道, 保你無恙萬八年

<u>飛龍在天：</u>
　　無有生與死, 飄飄在天堂, 西天雖遠頃刻到, 混含長生不老天。
　　愚夫識得還鄉道, 生來死去見當前。

<u>躍龍或躍在淵：</u>
　　在天地鼎爐中修鍊.（養天地正氣, 法古今完人）
　　當前即是真陽關, 真水真火已俱全。

<u>惕龍終日乾乾：</u>
　　勤讀儒釋道經典, 非己事, 莫閒管. 日日修煉三省吾身.
　　今得此一指, 終日煉神光, 林中受一指, 知主保無恙。

<u>現龍見龍在田：</u>
　　低心下氣, 止語養氣

<u>潛龍勿用：</u>
　　誠心抱守, 實心修煉

壹. 天(乾為天)：（明心見性的君子之道）

亢龍有悔：

極樂的感受因日常生活六根的損耗終究會損耗退去,但此時已氣脈貫通全身,六脈平和.

飛龍在天：

八百個日子的修練已然因緣俱足,修練三達德與無極一理,依循老子所謂 ：沖氣以為和, 在心腎相交.水火交融之時產生極樂與祥和有如置身天堂的感受.進入見山不是山的境界.

躍龍或躍在淵：

精氣神充足之時,督脈循環自動引氣上行,故稱道法自然,腎水已能制衡心火, 內心清明的知道目標為何,只差臨門一腳的機緣.

惕龍終日乾乾：

持續修煉三千個日子,任督脈氣血循環暢通,抱元守一,中字已然成形,轉為不守而守,練家精氣神充足,故稱終日乾乾.

現龍見龍在田：

修練一陣子以後,慢慢將脾氣向下改成元氣,田即丹田,氣在氣海穴中流動, 與全身周天循環越來越明顯,故稱現龍.

潛龍勿用：

修低心下氣的功夫,中國人以龍比喻氣,意念與慾念的雜亂,以及氣脈的不調和都需要靠調理氣息來導正. 古有降龍尊者,即為隱喻修道必先降伏自身.

壹. 天（乾為天）：（君子的一生：孔聖）

亢龍有悔：　　　（七十而從心所欲, 不踰矩）

君子之道, 以仁義禮智信為本, 禮門義路為先, 日久行之而內化於中, 謙和自然, 親民愛物, 任何貢高我慢之想, 均反問自性, 一以貫之. 故思慮周全而踰矩

飛龍在天：　　　（六十而耳順）

君子因見天地而小天下, 悟真理而無爭於世, 感真道之難修難得, 欲傳天道法門於天下

躍龍或躍在淵：（五十而知天命）

經由真修實煉的十年功成, 頓悟真理天道而能為人師, 度過人生的種種艱難考驗而永不退縮, 悟見真道, 金剛無敵自性, 徹悟自古聖傳的內聖外王之道, 受領天命大愿

惕龍終日乾乾：（四十而不惑）

經由人事物的歷練與廣博的學習, 大致能懂聖賢心法修道的方向, 人性與聖性（佛性）的差異已了然於胸, 只差實質的修煉而已

現龍見龍在田：（三十而立）

自立更生, 愛國忠事, 將四維八德, 仁義禮智信的心法融入日常生活中, 經由聖賢書的薰陶與人世間的歷練融合, 培養面對困難事務的勇氣, 與為人處事應對進退之道.

潛龍勿用：　　　（吾十有五而志于學）

親師友, 習禮儀, 學而時習之, 不亦說乎？除了謀生的技能之外, 尚多花時間修習古聖先賢的修身. 齊家. 治國. 平天下之道（聖凡兼修）.

心得筆記（修道至此階段的作用）

疏通肝氣，以利氣血下行

心腎相交，天地交通無不利

氣通中焦，以利後天之本

心腎相交，天地交通無不利

氣通下焦丹田，解除上中焦壓力，以利活化肺經循環

＊正氣引腎水至心火相遇，全身經絡全線貫通，氣血暢通無阻

養心安神，活血通絡

益氣健脾，幫助消化

疏肝理氣，除濕解毒

瀉陰壯陽，強筋壯骨

袪風散寒，止嗽潤肺

火生土

木生火

土生金

金生水

水生木

火剋金

木剋土

火剋金

土剋水

火　心

木　肝

脾　土

腎水

肺　金

77

用九, 見群龍无首, 吉 （用九, 天德不可為首也。）

萬里橋頭送客行 渡
壹場辛苦不須論 盡
憑將三寸蘇張舌 眾
唾手功成獨讓君 生

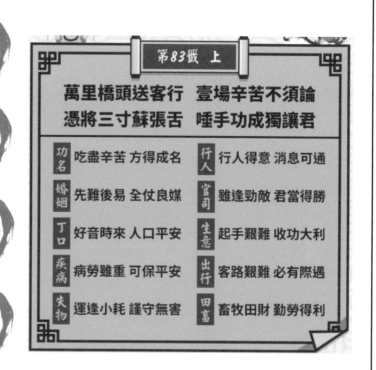

第83戰 上

萬里橋頭送客行　壹場辛苦不須論
憑將三寸蘇張舌　唾手功成獨讓君

功名	吃盡辛苦 方得成名	行人	行人得意 消息可通
婚姻	先難後易 全仗良媒	官司	雖逢勁敵 君當得勝
丁口	好音時來 人口平安	生意	起手艱難 收功大利
疾病	病勞雖重 可保平安	出行	客路艱難 必有際遇
失物	運逢小耗 謹守無害	田畜	畜牧田財 勤勞得利

自古 文明. 禮. 樂. 教化的一貫天命傳承

明心見性, 天道至德, 傳承天命, 代天宣化

修性命－見三菩提心(三達德). 金剛自性

[正向涅槃] [智]

[止於至善]

[~~遠離顛倒夢想~~]

[~~滅痴~~]

[~~法施~~]

天機不可洩漏
仁人志士必須自行修煉

金剛自性, 眾生平等

[慈悲] [仁]

[親民]

[~~心無罣礙~~]

[~~滅瞋~~]

[~~財施~~]

[勇] [無懼]

[知止]

[~~無有恐怖~~]

[~~滅貪~~]

[~~無畏施~~]

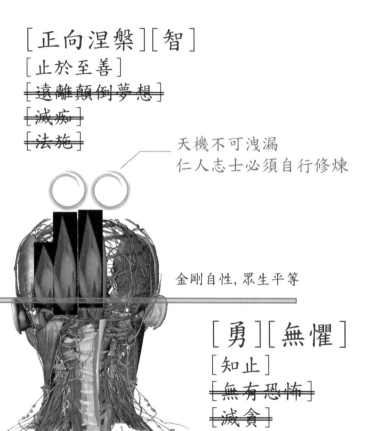

行事不偏為正忠,
盡孝為人做本份,
仁心親民而濟世,
愛人當知廣渡眾,
信字一言歸九鼎,
義勇當先做表率,
和字謙沖暗藏理,
平心待人天下平.

三菩提心行於人世間,展現出來
即為君子四維八德的德行

《天道與至德》

自古修道《道可道, 非常道》而修《至德》, 至德的密碼就藏在河圖洛書中。
大道至簡, 上天賦予人類的德性都在這一到十之中, 做到了, 人生就圓滿了, 其實不管漸修頓悟, 人世間只要照著至德的德性去做, 必能立於不敗之地。

1. 一心 《道生一》無極一理, 金剛無敵, 眾生平等無分別對待《無極》
2. 二聖 《一生二》負陰抱陽《太極》
3. 三多 《二生三》智仁勇 (三菩提心, 三達德)
4. 四維 《四維》 禮義廉恥(四位菩薩救眾生)
5. 五福 《三生萬物 (五)》五行, 五常, 五倫□ □
6. 六和 六脈平和, 坤 (柔性, 上善弱水)
7. 七賢 《七竅》 親民.至善態度的表達(頭頂森羅七寶星)
8. 八德 《八德》 忠孝仁愛信義和平(八大金剛來護法)
9. 九如 如如不動, 九五純陽, 乾 (陽剛之氣, 正氣浩然)
10. 十全 天道至德《十字目中見一心》, 天命大願

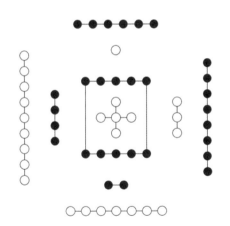

君子習六藝

禮：真一之理也,金剛無敵自性也

樂：悅,逍遙也,極樂也。

射：君子無所爭,必也射乎。射,沖也,修心煉性中最重要且隱密的法門,需大善者.有經
　　驗者指導而行。

御：御風而行。風者氣也。御風者御氣也。全憑心意用功夫也。

書：上古經書,先天之道。詩經、易經、黃帝內經。

數：八卦相錯,數往者順,知來者逆,是故易逆數也。

　　數者象也。　孔聖著十翼,教逆修回天,一以貫之.忠恕之道。

闡述 五教義理，自古一貫，天道至德，永恆不變

第三步：明心見性（大雅·假樂）

金剛自性，眾生平等

假樂君子，顯顯令德，宜民宜人。
受祿於天，保右命之，自天申之。
千祿百福，子孫千億。穆穆皇皇，
宜君宜王。不愆不忘，率由舊章。
威儀抑抑，德音秩秩。無怨無惡，
率由羣匹。受福無疆，四方之綱。
之綱之紀，燕及朋友。百辟卿士，
媚於天子。不解於位，民之攸墍。

第四步：天命一貫（采菽）

采菽采菽，筐之筥之。君子來朝，何錫予之？
雖無予之？路車乘馬。又何予之？玄袞及黼。
觱沸檻泉，言採其芹。君子來朝，言觀其旂。
其旂淠淠，鸞聲嘒嘒。載驂載駟，君子所屆。
赤芾在股，邪幅在下。彼交匪紓，天子所予。
樂只君子，天子命之。樂只君子，福祿申之。
維柞之枝，其葉蓬蓬。樂只君子，殿天子之邦。
樂只君子，萬福攸同。平平左右，亦是率從。
汎汎楊舟，紼纚維之。樂只君子，天子葵之。
樂只君子，福祿膍之。優哉遊哉，亦是戾矣。

明心見性
君子之道
（先天詩經版）

第二步：反身修德（蒹葭）

蒹葭蒼蒼，白露爲霜。所謂伊
人，在水一方，溯洄從之，道阻
且長。溯游從之，宛在水中央。
蒹葭萋萋，白露未晞。所謂伊
人，在水之湄。溯洄從之，道阻
且躋。溯游從之，宛在水中坻。
蒹葭采采，白露未已。所謂伊
人，在水之涘。溯洄從之，道阻
且右。溯游從之，宛在水中沚。

第一步：
關關雎鳩，在河之洲。
窈窕淑女，君子好逑。
參差荇菜，左右流之。
窈窕淑女，寤寐求之。
求之不得，寤寐思服。
悠哉悠哉，輾轉反側。
參差荇菜，左右采之。
窈窕淑女，琴瑟友之。
參差荇菜，左右芼之。
窈窕淑女，鐘鼓樂之。

鐘鼓樂之

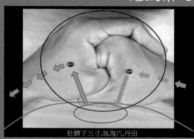

肚臍下三寸,氣海穴,丹田

第一步：關關雎鳩，在河之洲。窈窕淑女，君子好逑。參差荇菜，左右流之。窈窕淑女，寤寐求之。求之不得，寤寐思服。悠哉悠哉，輾轉反側。參差荇菜，左右采之。窈窕淑女，琴瑟友之。參差荇菜，左右芼之。窈窕淑女，鐘鼓樂之。

微言大義：全憑天關用功夫，低心下氣的修煉如鳩鳥呼吸鳴聲而氣鼓，此天關至地關（關元）之道，在人身新陳代謝重要的管道之上，鼓起而如沙之洲，此陰氣至柔之道，是君子欲修養之道．修道始初氣不能通貫，有如荇菜般漂浮於肝膽經上順流而下，日夜思索，時時摸索修煉的法門，該如何才能成功得氣於關元．中焦胸膈的氣障，腹腔的寒氣阻滯，側身旋轉運動是有幫助的．終於想通將左右手合抱的方法，併用盤坐似友字，將肝膽經緊縮如琴瑟弦張之狀拉鬆，並持續以左右手合抱的方法修煉，終於能將元氣儲存飽滿如鐘鼓般，而能得到精氣神飽滿，無病痛的快樂．

鳩鳥呼吸鳴聲而氣鼓

第二步：蒹葭蒼蒼，白露為霜。所謂伊人，在水一方，溯洄從之，道阻且長。溯游從之，宛在水中央。蒹葭萋萋，白露未晞。所謂伊人，在水之湄。溯洄從之，道阻且躋。溯游從之，宛在水中坻。蒹葭采采，白露未已。所謂伊人，在水之涘。溯洄從之，道阻且右。溯游從之，宛在水中沚。

微言大義：反身修德的方法，遇到的阻礙會是華陀夾脊的乾涸如蒹葭，氣血障蔽不通在白露（膏肓），真人需上善之水才能見性，此緣督以為經之道修煉起來需要一些時日，且需要拾級而上，於此道之上端突起之果體位置．

第三步：假樂君子，顯顯令德，宜民宜人。受祿於天，保右命之，自天申之。千祿百福，子孫千億。穆穆皇皇，宜君宜王。不愆不忘，率由舊章。威儀抑抑，德音秩秩。無怨無惡，率由群匹。受福無疆，四方之綱。之綱之紀，燕及朋友。百辟卿士，媚於天子。不解於位，民之攸墍。

微言大義：已然見性真君子，昭然乾乾自內聖，活力十足親於民，天生天養謝天恩，誠心抱手修性命，自性天識用功夫，福祿壽喜真滿圓，德風真熙皆由天，溫和謙恭真儒雅，內聖外王顯莊嚴，不忘上天真天命，任重道遠天德傳，直率純和天真性，通達明理自性圓．儀態莊重顯威儀，真傳天道有條理，責任擔負無嫌惡，真智大慧渡眾生，遵循四維守綱紀，八德能行福無比，己立立人而有道，德性披澤擴群體，傳法眾人修天道，直至明心見真性，終日乾乾不怠懈，六脈平和咸安寧．

子曰：「詩三百，一言以蔽之，曰『思無邪』。」
子曰：「關雎樂而不淫，哀而不傷。」

<u>微言大義：</u>
詩經有許多經典文句都用隱喻暗喻的文詞一語雙關暗傳天道，為使修心煉性之人，能於修心煉性之處予以印證，故得其正法之時，必能得眾人之佐證·亦能為自己的乘願再來，作為明證·

關雎一詩，為暗喻引領修心煉性，修見極樂的第一步詩，相較於坊間男歡女愛淫樂的解釋，感慨只有孔聖能看懂並加評為正知正見，引領正道之詩·

全憑心意用功夫

突破胸膈而使氣能下行

氣存於丹田而腹式呼吸

氣能沖貫沖脈而下行至腳底

86

心得筆記

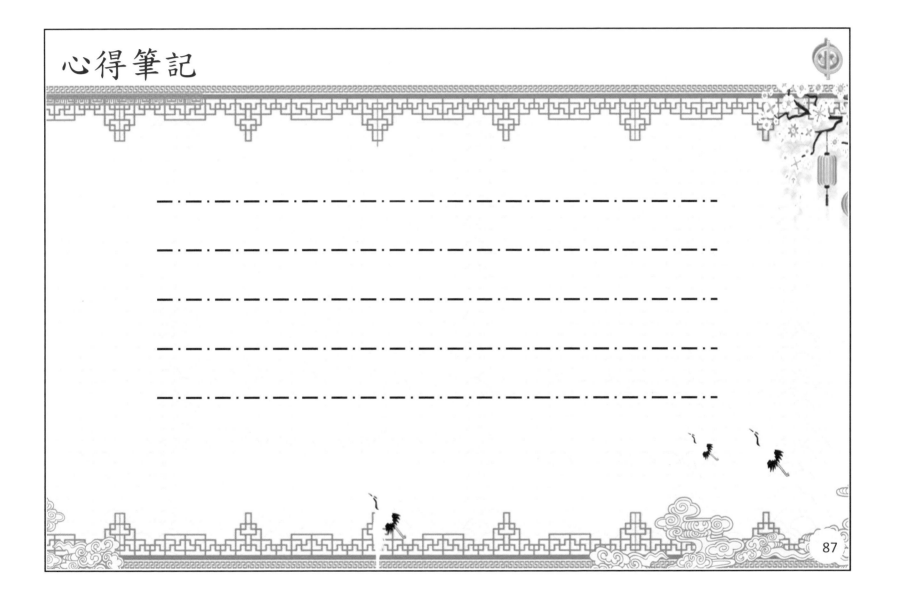

第三步：明心見性（道生一）

➢ 昔之得一者：天得一以清；地得一以寧；
神得一以靈；谷得一以盈；萬物得一以生；
侯王得一以為天下貞。

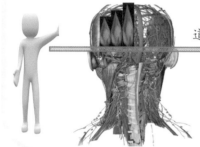

道生一

第四步：真清常淨常清淨矣［聽天命］

➢ 上士聞道，勤而行之；中士聞道，若存
若亡；下士聞道，大笑之。
➢ 我有三寶，持而保之。一曰慈，二曰儉，
三曰不敢為天下先。

天道至德內藏理，五倫八德合於一；
代天宣化渡明理，仁義道德並天心.

明心見性
君子之道
（老子道德經版）

第二步：反身修德，沖氣為和

➢ 道生一，一生二，二生三，三生萬物。
➢ 萬物負陰而抱陽，沖氣以為和。

第一步：認理實修，聖人之道

➢ 五色，使人目盲；馳騁田獵，使人心發狂；難得之
貨，使人之行妨；五味，使人之口爽；五音，使人
之耳聾。是以聖人之治也，為腹不為目，故去彼取
此。

抱手修煉，止語養氣煉功夫

➢ 見素抱樸，少私寡欲。多言數窮，不如守中。

第一步：抱手修煉，止語養氣

[聖人之道]五色，使人目盲；馳騁田獵，使人心發狂；難得之貨，使人之行妨；五味，使人之口爽；五音，使人之耳聾。是以聖人之治也，為腹不為目，故去彼取此。

<u>微言大義</u>：外境的形形色色，五光十色，耗精損神，使人眼花撩亂卻又傷神，追逐外在的慾望貪念，永無止境，就好像田獵般殺戮成性，殺紅了眼也不見得到了什麼，心靈卻越顯空虛，人們總是會去追求稀世珍品，好吃的東西，好聽的聲音，可這都不是聖人之道．聖人修治己身，不以眼見為真，費盡心思為修煉腹式呼吸(低心下氣)的功夫，所以(去彼)去眼見的分別之心，(取此)真正的改脾氣去毛病．

[抱手修煉，止語養氣煉功夫]見素抱樸，少私寡欲。多言數窮，不如守中。

<u>微言大義</u>：身口意清淨，身體越沒有負擔，以平靜的心在抱手修煉之時能察覺到內氣的流動，減少眼耳鼻舌身意外在私慾的追求，能節省能量的耗損．多話是一個人耗損精氣神最大的致命傷，命數．氣數都會因此而折損．不如多花時間抱手修煉，止語養氣煉功夫．

第二步：反身修德，沖氣為和

道生一，一生二，二生三，三生萬物。萬物負陰而抱陽，沖氣以為和。

<u>微言大義</u>：人之初始之道，本性真一為善，天賦之於人，有情感．有理智，理智之中能顯三達德(三菩提心)，依循天道至德之理，萬物之所以得生生不息，人之所異於禽獸，為萬物之靈，乃因懂得負陰抱陽，抱手修煉，以自身真氣沖開天識，使真火真水能貫通全身經絡五臟六腑，使之運作和諧．

第三步：明心見性（道生一）

昔之得一者：天得一以清；地得一以寧；神得一以靈；谷得一以盈；萬物得一以生；侯王得一以為天下貞。

<u>微言大義</u>：先聖修真而能見本性者，修天乾得見性而能真清常靜，反樸歸真，地坤之六脈平和而能使五臟六腑安寧，萬病不生，人之性靈藏神於本性真一之中，修低心下氣之道而虛懷若谷，使之沖氣盈滿．人身萬物經絡氣血．五臟六腑皆因修煉見性而能生生不息，修練明心見性的君子而能得一，即領受天命帶天宣化闡揚真道．

第三步: 明心見性, 一以貫之

➢ 自行束脩以上, 吾未嘗無誨焉.
➢ 參乎, 吾道一以貫之
➢ 朝聞道, 夕死可矣

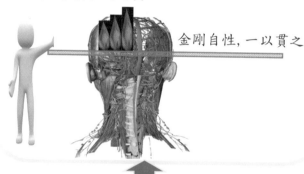

金剛自性, 一以貫之

第四步: 知天命

➢ 有教無類
➢ 人能弘道, 非道弘人
➢ 君子畏天命, 畏大人, 畏聖人之言

天道至德內藏理
五倫八德合於一
代天宣化渡明理
仁義道德並天心

明心見性君子之道

(孔子 一以貫之)
未知生, 焉知死.
性相近, 習相遠也.
道聽而塗說, 德之棄也
君子學道則愛人
小人學道則易使也

第二步: 明明德

➢ 君子無所爭, 必也射乎. 揖讓而升, 下而飲, 其爭也君子.
➢ 譬如平地, 雖覆一簣, 進, 吾往也
➢ 君子道者三, 仁者不憂, 知者不惑, 勇者不懼.

一以貫之
三達德(三菩提心)
真氣貫通後背諸俞穴而氣能上行的樣子

第一步: 抱手修煉

➢ 子曰:「回之為人也: 擇乎中庸, 得一善, 則拳拳服膺, 而弗失之矣。」
➢ 揖讓而升, 下而飲(低心, 下氣)
➢ 其身正, 不令而行, 其身不正, 雖令不從
➢ 君子不重則不威. 巧言令色, 鮮矣仁

（孔子 一以貫之）

> 未知生, 焉知死.
> 性相近, 習相遠也.
> 道聽而塗說, 德之棄也
> 君子學道則愛人
> 小人學道則易使也

　　微言大義: 如果你沒有歷經生死的界線, 參透如何能生而極致, 那麼, 你也無法了悟生死來去, 放眼過去‧現在‧未來； 　人之生, 運用的本性天賦相近, 天然純真, 卻因後天的貪欲誘惑, 業識惡習, 讓人心的隔閡越來越遠, 分別計較, 甚至反目成仇, 使得樂天知命的天性離我們越來越遠； 　小人之道, 善於利用眼耳鼻舌探求外在, 卻不知君子之道止語養氣的重要, 多管閒事, 多嚼舌根, 將修見正道棄之不顧, 非君子修心煉性的真義‧

　　君子修心煉性, 修見正性則能體悟人人皆有三菩提心, 真如本性, 然而只因顛倒夢想而不能得見, 以悲天憫人之心親民愛人, 以自心本性度化眾生找回本性, 小人學道則易流於滿口仁義道德, 自以為正義掛帥卻因強加許多規則於人身, 意圖強加想法妄想改變與禁錮別人, 易流於使喚別人的行為.

　　第一步：[抱手修煉]
> 子曰：「回之為人也：擇乎中庸, 得一善, 則拳拳服膺, 而弗. 失之矣。」

　　微言大義: 君子體悟之於人, 改脾氣毛病的重要, 誠心抱手, 實心修煉, 求得三寶善法, 日日抱手修煉揣摩修心煉性的真義, 而修煉出與老師一樣的[弗]與[失]之於身體內流動的氣感.

真氣於體內沿胸膈與肝膽經流動的狀態
真氣於體內沿任脈下行與督脈上行循行的狀態

真氣於體內沿手陽明經循行出右手的狀態

真氣於體內貫穿胸膈與腹腔壁下行而震雷於地土（丹田）並與沿沖脈下行肝經至腳部的狀態

第一步：［抱手修煉］

➤ 揖讓而升, 下而飲(低心, 下氣)
➤ 其身正, 不令而行, 其身不正, 雖令不從
➤ 君子不重則不威. 巧言令色, 鮮矣仁

叩首時腎水沿督脈上行至心火為升

因拳拳服膺修煉而突破氣帳使氣能下行

修煉純陽真氣而能感覺氣沿肝經循行出右手的樣子

胸膈與腹腔之障蔽

微言大義：修煉正道的君子, 作揖的動作能活動胸膈, 使氣能上下貫通三焦, 並使氣能下行至丹田養氣而飲. 　修煉正道的君子, 最重要的是注意〔正〕的姿勢, 抬頭挺胸, 姿勢端正的人, 不需要太過刻意修煉, 身體的氣機通暢, 身心健康, 反之, 彎腰駝背姿勢不正的人, 身體的經絡容易阻塞不通, 雖然花很多力氣修煉全憑心意用功夫, 但事倍功半.

君子修煉下氣的功夫, 氣沿足太陰循行至腳底, 以後腳跟走路, 個性沉穩. 莊重踏實, 自然而然給人產生穩重與威儀之感, 反之小人愛閒言閒語, 多管閒事, 不願意多學習與修煉, 喜歡用花言巧語. 勾結串通獲取權力地位, 鮮少能夠修心煉性突破胸膈與腹腔的障蔽的.

第二步：反身修德, 明明德

➤ 君子無所爭, 必也射乎. 揖讓而升, 下而飲, 其爭也君子.
➤ 譬如平地, 雖覆一簣, 進, 吾往也
➤ 君子道者三, 仁者不憂, 知者不惑, 勇者不懼.

一以貫之(無極一理)

三達德(三菩提心)

真氣貫通後背諸俞穴而氣能上行的樣子

微言大義：反身修德的君子, 專注修煉, 與人無爭, 修煉至一定的程度有把握之時, 就懂得如何將自身真氣投射至真玄本性之處, 修煉的步驟1. 低心 2.下氣 3. 明心見性而[爭]為修煉正人君子之道(見圖)

修煉正氣的要訣, 就好像每天在填補精氣神耗損的缺口, 正氣不足則心不能平, 雖然時間要很久且每天好像進度並不明顯, 實則每天做一點都是往明心見性的方向更進一步

君子日常日用的道, 以自心本性的三達德為準則, 仁. 智. 勇分別對應的是光明而無負面憂慮情緒, 正智而能對於萬事萬物辨明其因果本然, 無懼之心而能傳承天道, 死而無懼.

第三步：明心見性，一以貫之

➤ 自行束脩以上,吾未嘗無誨焉.

➤ 子曰:「賜也,女以予為多學而識之者與?」對曰:「然,非與?」子曰:「非也,予一以貫之!」

➤ 子曰:「參乎!吾道一以貫之。」曾子曰:「夫子之道,忠恕而已。」

➤ 朝聞道,夕死可矣

<u>微言大義:</u>
反身修德的君子,引氣沿督脈上行修煉直心是德,自從命門有火,情緒越發穩定一步步貫通背部華陀夾脊乾涸的肌肉,我就沒有一天不誠心抱手修煉的（詳見誨字之象形解）

反身修德的君子,多識·前言·往行,多識之大智慧來自修見自心本性,一以貫之所有古文經典真理,修煉的順序先忠後恕,直心修德,見性的當下,得至善的真理,死而無憾·

第四步： 知天命

➤ 有教無類

➤ 人能弘道,非道弘人

➤ 君子畏天命,畏大人,畏聖人之言

➤ 君子不器

<u>微言大義:</u> 君子虛心受教,博學好禮,修心煉性,養心培德而成聖賢明師領受天命,能夠將自己修心煉性的經驗,無分別心的教授於學生,故師者貫通天下之義理,故能傳道,授業,解惑也.具有多樣的才華,很難被歸類定型他是甚麼樣類型的人,君子敬畏天命,一切依照自心本性而行,凡事以天道至德.聖賢心法為生命中為人處世的準繩.

第三步：明心見性

➤ 齊諧者，志怪者也。諧之言曰：「鵬之徙於南冥也，水擊三千里，摶扶搖而上者九萬里，去以六月息者也。」野馬也，塵埃也，生物之以息相吹也。天之蒼蒼，其正色邪？其遠而無所至極邪？其視下也，亦若是則已矣。

➤ 窮髮之北，有冥海者，天池也。有魚焉，其廣數千里，未有知其脩者，其名為鯤。

金剛自性，眾生平等

第四步：[聽天命]

➤ 故有儒、墨之是非，以是其所非，而非其所是。欲是其所非而非其所是，則莫若以明。

➤ 以指喻指之非指，不若以非指喻指之非指也；以馬喻馬之非馬，不若以非馬喻馬之非馬也。天地，一指也；萬物，一馬也。

天道至德內藏理，五倫八德合於一；
代天宣化渡明理，仁義道德並天心。

第二步：反身修德，轉識成智

➤ 緣督以為經，可以保身，可以全生，可以養親，可以盡年。

➤ 有鳥焉，其名為鵬，背若泰山，翼若垂天之雲，摶扶搖羊角而上者九萬里，絕雲氣，負青天。

第一步：

環中抱手修煉

➤ 北冥有魚，其名為鯤

➤ 樞始得其環中，以應無窮。

低心下氣煉功夫

➤ 鵬之徙於南冥也，水擊三千里

南海之帝為儵，北海之帝為忽，中央之帝為渾沌。儵與忽時相與遇於渾沌之地，渾沌待之甚善。儵與忽謀報渾沌之德，「人皆有七竅，以視聽食息，此獨無有，嘗試鑿之。」日鑿一竅，七日而渾沌死。

第一步：抱手修煉

[環中抱手修煉] 樞始得其環中，以應無窮。

[低心下氣煉功夫] 北冥有魚，其名為鯤。鯤之大，不知其幾千里也。化而為鳥，其名為鵬。鵬之背，不知其幾千里也；怒而飛，其翼若垂天之雲。是鳥也，海運則將徙於南冥。南冥者，天池也。

<u>微言大義</u>：要貫通中道之樞，首在雙手環抱修煉而能得中氣，如此才能修見無極.

<u>微言大義</u>：修煉之初，全憑心意能覺. 這顆心能行萬法，無遠弗屆，然而修道之人，須將心神收攝，全憑心意修煉，需要將上焦氣血大量運行起來，有如鵬之展開雙翅，這股氣，要像沖向大海一樣，沖向丹田之海，此海好似人身循環之氣與賴以為生之所需，亦為修回天一路能量蓄積之池.

第二步： 反身修德，轉識成智，回天一路

➤ 緣督以為經，可以保身，可以全生，可以養親，可以盡年。

➤ 有鳥焉，其名為鵬，背若泰山，翼若垂天之雲，搏扶搖羊角而上者九萬里，絕雲氣，負青天。

<u>微言大義</u>：反身修德的君子，引氣沿督脈上行修煉直心是德，於身可以保全五臟氣血活絡貫通，使之六脈平和，萬病不生，於心可使心胸開闊，柔化身心使之覺性靈敏而親愛感受身邊周遭所有的人，可以活至百歲人歲至極而得長生不老.　　修煉之人，需懂得內觀己身，懂得運用內氣，有如鵬鳥般在體內悠遊流轉，逐一貫通手腳的八虛關節（[朋]於易經的意涵），反身修德最大的難關，在於背部經絡的僵硬有如難以撼動的山岳駝背隆起，煉精化氣至此，有如接近天際之鵬鳥，銳利的眼神與無比的信心，能引氣上行沖開天識，有如大鵬鳥直沖天之巔. 地之極，直至全身經絡督脈巡行的終點，即為登上青天之際.

95

第三步：反身修德，轉識成智

齊諧者，志怪者也。諧之言曰：「鵬之徙於南冥也，水擊三千里，摶扶搖而上者九萬里，去以六月息者也。」野馬也，塵埃也，生物之以息相吹也。天之蒼蒼，其正色邪？其遠而無所至極邪？其視下也，亦若是則已矣。

<u>微言大義</u>：修正見性之人，志向與一般人不同，其所述說之言論，盡是修天道的法門，從第一步的低心下氣煉功夫，濡其尾而使腎水循環能循序而上，終究能見其本性自心．此生生不息之心火，有賴以真氣相吹沖灌，何謂天道？其乃至真之善之景象，無遠弗屆至無極，是心非眼而觀下，如此而已．

第四步：聽天命

➤ 故有儒、墨之是非，以是其所非，而非其所是。欲是其所非而非其所是，則莫若以明。

➤ 以指喻指之非指，不若以非指喻指之非指也；以馬喻馬之非馬，不若以非馬喻馬之非馬也。天地，一指也；萬物，一馬也。

<u>微言大義</u>：儒家與法家所傳教化之道，在莊子修天道的觀點上，是很明白何者為是，何者為非的．受領天命之人，明辨是非，直指見性的修煉，才[是]真正傳承天道，以返璞歸真的天性，撥亂反正是[非]，講明天道至德，並[非]以仁義道德要求於人，要求別人做到無理之[是]而弄得天怒人怨，人與人之間失和．人生若欲真正的看透一切，明辨是非而與人無是非糾纏，則需已然見性的明師指點修道的法門．

天道修道法門的三寶暗傳，不似人肉眼所見的指點法門，還須自身真修實煉的體悟，許多先天經典中的象形文字譬喻，也不似文字中所見的[馬]字這麼易懂，修天道，雖在明師一指指見之處，但需從五臟六腑的人身萬物開始調理，始能見性．

心得筆記

第三步:明心見性 (一合相)

無我無人無眾生無壽者,
修一切法,是法平等,無有高下

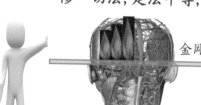

金剛自性,眾生平等

仙

第四步: 天命

釋尊講道數十年,即為天命所驅

天道至德內藏理
五倫八德合於一
代天宣化渡明理
仁義道德並天心

明心見性
君子之道
(金剛經版)
窈窕淑女:善女人
君子:　善男子

第二步: 發阿耨多羅三藐三菩提
心

不應住色生心,
不應住聲香味觸法生
心,
應生無所住心.

降伏其心,任脈暢通,
假以時日,督脈自然
貫通,道法自然,生三
菩提心.

第一步: 行深修煉下氣的功夫
應如是住
應如是降伏其心.

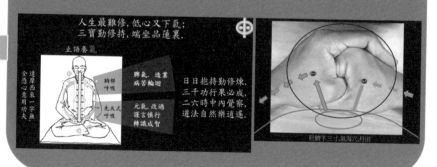

人生最難修,低心又下氣;
三寶勤修持,端坐品蓮裏.

止語養氣

達摩西來一字無
全憑心意用功夫

胸部呼吸

脾氣,造業
病苦輪迴

先天式呼吸

元氣,改遇
謹言慎行
轉識成智

日日抱持勤修煉,
三千功果必成,
二六時中內覺察,
道法自然樂逍遙.

肚臍下三寸,氣海穴,丹田

第三步:渡一切苦厄
依般若波羅蜜多故,心無罣礙;無罣礙故,
無有恐怖,遠離顛倒夢想,究竟涅槃。

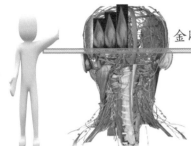

金剛自性,眾生平等

仙

第四步: 天命

釋尊講道,大般若經,即為天命所驅

天道至德內藏理
五倫八德合於一
代天宣化渡明理
仁義道德並天心

明心見性
君子之道
（心經版）

第二步:反身修三達德(三菩提心)
三世諸佛,依般若波羅蜜多故,得阿耨多
羅三藐三菩提。

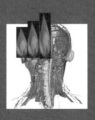
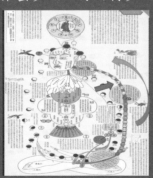

第一步: 行深修煉下氣的功夫
觀自在菩薩,[行深]般若波羅蜜多時,照見五蘊皆空,度
一切苦厄.

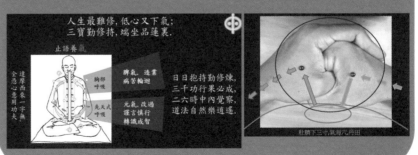

（釋尊 金剛經．心經 綜合）
第一步：行深修煉下氣的功夫
➤ 應如是住，應如是降伏其心．
➤ 觀自在菩薩，[行深]般若波羅蜜多時

<u>微言大義：</u>
昔日阿難指受聽聞,求得三寶善法,博學強記,但聞釋尊開釋,文字紀錄,但無法將祇樹給孤獨園釋尊的動作加以文字描述,故修道的方法,需仰賴現世三寶的傳授與誠心修煉的體悟來學會降伏其心氣的方法．
行深,將自己的脾氣毛病,壓到自身的最深處,始之化解,曰之行深．

第二步：發阿耨多羅三藐三菩提心
➤ 不應住色生心，不應住聲香味觸法生心，應生無所住心．
➤ 三世諸佛，依般若波羅蜜多故，得阿耨多羅三藐三菩提。
➤ 凡所有相。皆是虛妄。若見諸相非相。即見如來

<u>微言大義：</u>
修心煉性,非用眼耳鼻舌身意,全憑心意用功夫,無所住而生其心,說穿了,就是日日誠心抱手修煉正氣法門,讓真氣循自身經絡管道鑽行暢通,讓自身精氣神充滿,即有能力與決心可以沖開天識,得阿耨多羅三藐三菩提心．

以恆河沙比喻全身氣血修煉過後的充足盈滿

第三步：明心見性 （一合相）

觀自在菩薩,行深般若波蘿蜜多時,照見五蘊皆空,度一切苦厄.

無我無人無眾生無壽者,

修一切法,是法平等,無有高下

佛說非身。是名大身

<u>微言大義：</u>

修心煉性,非用眼耳鼻舌身意等外在知覺,要學會內觀身心是否自在放鬆,身體肌肉經絡是否氣血不通而阻滯,呼吸是否不順暢而有胸悶頭暈等等問題,如果有問題,在改變的當下,需要將呼吸的氣放下到身體的最深處,也就是關元穴(丹田)的位置,再巡行督脈而上至究竟之處,以三菩提心照亮自心光明,以見本性而得志真至善的心法為渡化自身的舊識習性,改過自新,而見性的當下,真氣充灌全身,使全身經絡氣血暢通無阻,恢復健康.

自心本性,人皆有之,本性心法,於眾生皆一而無二,佛之觀眼,本性無二,無別,無敵,無有高下,是謂平等,是謂大身,是謂無極.

第四步： 天命

釋尊講道,大般若經,即為天命所驅,普渡眾生.

第三步：明心見性，天道窄門

> The sort of death by which he would give God glory
> Blessed are the pure in heart, for they shall see God.
> Rejoice and be exceedingly glad, for great is your reward in heaven.
> Because narrow is the gate and difficult is the way which leads to life, and there are few who find it.
> It will be fair weather, for the sky is red.

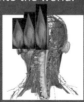

第四步：天命（eternal life）

> What is that to you? Come yourself after me.
> Man shall not live by bread alone, but by every word that proceeds from the mouth of God.
> And whatever things you ask in prayer, believing, you will receive.

天道至德內藏理
五倫八德合於一
代天宣化渡明理
仁義道德並天心

明心見性君子之道

（耶穌天道福音－太初有道）

When you were young, you made yourself ready and went wherever you had a desire to go: but when you are old, you will put out your hands and another will make you ready, and you will be taken where you have no desire to go.

第二步：反身修德 Save his people from their sins.

> The people who sat in darkness have seen a great light, and upon those who sat in the region and shadow of death light has dawned.
> In Him was life, and the life was the light of men.
> That was the true light which gives light to every man coming into the world.

第一步：從手修煉下氣的功夫，養足精神"食糧"

> Repent, for the kingdom of heaven is at hand.
> Then give my lambs food.
> Then take care of my sheep.
> Prepare the way of the LORD, make his paths straight.
> You shall not tempt the LORD your God.
> You shall worship the LORD your God, and him the only you shall serve.

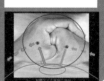

（耶穌天道福音–太初有道）

When you were young, you made yourself ready and went wherever you had a desire to go: but when you are old, you will put out your hands and another will make you ready, and you will be taken where you have no desire to go.

當年輕氣盛,你有精力可以去做你任何想做的事,但當你年紀漸長,應該伸出雙手,修煉下氣的功夫才能讓你感到心神篤定,然後你將會被帶到無慾（真空妙有）.不是想定而要去的地方（頓悟之處）

第一步：從手修煉下氣的功夫,養足精神"食糧"

- ➤ Repent, for the kingdom of heaven is at hand.
  - ➤ 你們要悔改,修練天道從誠心抱手開始
- ➤ Then give my lambs food.
  - ➤ 羊食草,人也能吃草藥調理身體的病痛
- ➤ Then take care of my sheep.
  - ➤ 以羊比喻修煉下氣的功夫,需要穿過胸膈與腹腔壁的障礙,直入丹田
- ➤ Prepare the way of the LORD, make his paths straight.
  - ➤ 預備回天一路見主性,修道直心,直心是德
- ➤ You shall not tempt the LORD your God.
  - ➤ 你不應該被外在的慾望所牽引(專注在五蘊皆空的修煉上)
- ➤ You shall worship the LORD your God, and him the only you shall serve.
  - ➤ 你要敬拜主,你自己的主性,他是唯一的道路.真理要遵從的.
- ➤ Follow me, and I will make you fishers of men.
  - ➤ 找到自信主性的人, 講的話即是真理,代天宣化,別人願意順從.

PS. You shall worship the LORD (so you can see) your God, and him the only you shall serve.

第二步：反身修德 Save his people from their sins.

- The people who sat in darkness have seen a great light, and upon those who sat in the region and shadow of death light has dawned.
  - 人於靜坐修煉中照見聖光,平常人則一天一天等待死亡來臨
- In Him was life, and the life was the light of men.
  - 於祂之中為養生之主, 生命來自祂的生命熱度與光明
- That was the true light which gives light to every man coming into the world.
  - 祂的純陽真火,帶給了每個來到世上的人光明正向

金剛自性,眾生平等無別

第三步：明心見性, 天道窄門

- The sort of death by which he would give God glory
  - 那是一種死了都無所謂的感受,於主見聖性之時 (朝聞道夕死可矣)
- Blessed are the pure in heart, for they shall see God.
  - 見主性的當下,你能理解人的生命自天佑之
- Rejoice and be exceedingly glad, for great is your reward in heaven.
  - 歡欣極樂,內聖與莊嚴來自於見性天識之內
- Because narrow is the gate and difficult is the way which leads to life, and there are few who find it.
  - 這引領生命的天道窄門不易尋得,極少人能找得到
- It will be fair weather, for the sky is red. (asking Him to show them a sign from heaven.)
  - 天道真性,有如見天空晴朗如虹

第四步: 天命永生 (eternal life)

➢What is that to you? Come yourself after me.

　➢你要怎麼找到你的主性呢? 全憑心意用功夫. 藉[假我]修[真我]

➢Man shall not live by bread alone, but by every word that proceeds from the mouth of God.

　➢人不應該只是單純靠食物活著(比喻生活沒有目標,醉生夢死,病苦輪迴) , 應該修見自性,找到自己的真主,與天同心,代天宣化.

➢And whatever things you ask in prayer, believing, you will receive.

　➢最終你修出來的這條見性的道路,是藉由低心.下氣的禱告,全憑心意用功夫的堅志信念,即能到達

第三步：明心見性（當前即是真陽關，真水真火已俱全。）

今得此一指,飄飄在天堂,無有生和死,終日煉神光,林中受一指,知主保無恙。

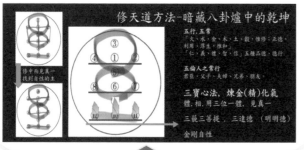

第四步：天命

余今領受法敕旨,慈悲傳你真玄關。你若不照愿行,必遭天譴,無有別囑,誠聽點玄。

二目要迴光,一點真太陽,眼前觀即是,燈下看輝煌,這是真明路,了劫還故鄉。

　　天道至德內藏理
　　五倫八德合於一
　　代天宣化渡明理
　　仁義道德並天心

明心見性　君子之道

（金公祖師 一貫道版）
此時正在重陽天,
大千運等俱朝前,
各個首得還鄉道,
保你無恙萬八年。

第二步：反身修三達德(三菩提心)

今得此一著,跳出苦海淵,飛身來上岸,即得登雲船。
領寶齊魯靈山地,
拈花印證考三乘

第一步：低心叩首,修煉下氣的功夫

水火風劫在眼前,誠心抱手時修煉.
反心謗道,詈師罵天,洪誓大愿,永不能完。

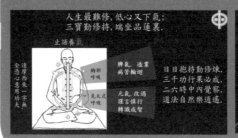
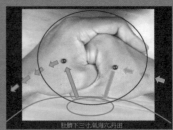

第一步：誠心抱手, 實心修煉（低心叩首, 抱手修煉下氣的功夫）

水火風劫在眼前, 誠心抱手時修煉.

反心謗道, 罟師罵天, 洪誓大愿, 永不能完。

<u>微言大義：</u>

剛開始學到修道的人, 必須要瞭解自己為什麼會氣血不通, 病苦輪迴, 以水火譬喻病痛的水深火熱, 以風劫譬喻上盛下虛的不適, 嚴重一點的可能是中風的情況. 修仙成聖者, 依本性依歸傳三寶並教授三寶修煉下氣的功夫, 以避免眾生病苦輪迴, 可惜眾生不信三寶. 不修煉三寶, 到頭來還是脾氣毛病一堆, 無法修習至究竟, 無法得知自己的天命大愿.

第二步：反身修三達德（三菩提心）

今得此一著, 跳出苦海淵, 飛身來上岸, 即得登雲船。

<u>微言大義：</u>

明師一指得授跳出苦海. 脫離病苦輪迴的究竟之處, 修心煉性者修煉三千功（一段時日）精氣神飽滿的狀態下, 即可反身修德, 有如大鵬鳥飛上雲端.

第三步：明心見性（當前即是真陽關, 真水真火已俱全。）

今得此一指, 飄飄在天堂, 無有生和死, 終日煉神光, 林中受一指, 知主保無恙。

<u>微言大義：</u>

明師一指得授跳出苦海的法門, 於見性（心腎相交）的當下有如在雲端飄飄然的感受, 見性的當下即找到自性的主人, 心火的大能貫通全神真氣而純陽（乾）, 五臟六腑氣血通暢而六脈平和（坤）, 即可腕並不生而至終老.

第四步：天命

余今領受法敕旨, 慈悲傳你真玄關。

你若不照愿行, 必遭天譴, 無有別囑, 誠聽點玄。

二目要迴光, 一點真太陽, 眼前觀即是, 燈下看輝煌, 這是真明路, 了劫還故鄉。

微言大義：

　　天命天傳, 非由人傳, 全部走完修練歷程而頓悟真道之人, 上天會依德性是否完備傳其天命, 領受天命之人即可代天宣化, 講授天道至德.

　　人心不平的世界, 平了自己的心, 世界就和平了, 所謂萬法由心造, 點玄的用意, 即指明向上一路, 真修實煉者, 才能修煉純陽, 恢復本真, 得到全天下最大的福報.

養生德全精神內守而修德之重點（黃帝內經）

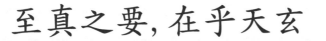

至真之要，在乎天玄

拘於鬼神者，不可與言至德

隨應而動，道無鬼神

夫自古通天者，生之本也

形與神俱，終其天年

心得筆記

人人皆有三菩提心, 人人皆有自心本性,
人人皆應尊重他人, 人人皆應重道修德.

中華民族自古就懂得修中而貫一, 修三達德, 修見本性而得一, 修心煉性而樂天知命, 修內聖外王之道而體悟和平的重要, 而一貫道祖師所設立的叩首與獻香禮節均暗藏天道修德的玄機與方法, 眾人並宜應參照古聖先賢經典義理引導而行. 誠心抱手. 實心修煉而為之, 切莫耽誤此生頓悟真理天道的大好時機.

仁人志士尤其是國家的領導者, 更應提倡君子之天道與身心性一貫的健康, 才能贏得國家百姓乃至於全世界人民共同的尊敬. 才是天下蒼生之福, 禮運大同的世界才能指日可待.

國家圖書館出版品預行編目資料

先天易經／董玉麟著. --初版. --臺北市：董玉麟，
2020.12
　　面；　公分
　ISBN 978-957-43-8114-2（平裝）
　1. 易經　2. 研究考訂　3. 修身
　121.17　　　　　　　　　　109015024

先天易經

作　　　者　董玉麟

校　　　對　董玉麟

出版發行　董玉麟

　　　　　　E-mail：ktung.kt@gmail.com

設計編印　白象文化事業有限公司

　　　　　　專案主編：黃麗穎　　　經紀人：洪怡欣

經銷代理　白象文化事業有限公司

　　　　　　412台中市大里區科技路1號8樓之2（台中軟體園區）

　　　　　　出版專線：（04）2496-5995　　傳真：（04）2496-9901

　　　　　　401台中市東區和平街228巷44號（經銷部）

　　　　　　購書專線：（04）2220-8589　　傳真：（04）2220-8505

印　　　刷　基盛印刷工場

初版一刷　2020 年 12 月

定　　　價　380 元

白象文化　www.ElephantWhite.com.tw

印書小舖 PRESSSTORE 出版.經銷.宣傳.設計

f 自費出版的領導者　購書 白象文化生活館